理工类公共基础课
课程思政教学案例集

主 编 王旭东 邵珠山

内容简介

本书共 8 篇，分别对应"高等数学""线性代数""概率论与数理统计""大学物理""理论力学""材料力学""工程力学""图学" 8 门公共基础课，共计 89 个课程思政实用教学案例。这些案例结合教学章节从案例主题、案例资料、结合章节、思政元素、课程思政教学目标、案例描述等方面进行了详细的说明和展示，力求将政治信仰、理想信念、价值理念、道德情操等思政元素"润物无声"地融入公共基础课教学，将显性教育和隐性教育相统一，实现思想政治工作进教材、进课堂、入脑入心，展现了公共基础课教师在教授知识与立德树人方面所进行的探索，对促进高校公共基础课课程思政建设具有参考价值。

本书可作为大学教师将思想政治教育融入课堂教学"主渠道"的参考书。

图书在版编目(CIP)数据

理工类公共基础课课程思政教学案例集/王旭东，邵珠山主编. —北京：北京大学出版社，2023.2
 ISBN 978-7-301-33725-7

Ⅰ.理… Ⅱ.①王…②邵… Ⅲ.①思想政治教育—教案（教育）—汇编—高等学校 Ⅳ.①G641

中国国家版本馆 CIP 数据核字(2023)第 018856 号

书　　　名	理工类公共基础课课程思政教学案例集 LIGONG LEI GONGGONG JICHUKE KECHENG SIZHENG JIAOXUE ANLIJI
著作责任者	王旭东　邵珠山　主编
策划编辑	李娉婷
责任编辑	赵天思　李娉婷
标准书号	ISBN 978-7-301-33725-7
出版发行	北京大学出版社
地　　　址	北京市海淀区成府路 205 号　100871
网　　　址	http://www.pup.cn　新浪微博：@北京大学出版社
电子邮箱	编辑部 pup6@pup.cn　总编室 zpup@pup.cn
电　　　话	邮购部 010-62752015　发行部 010-62750672　编辑部 010-62750667
印　刷　者	河北滦县鑫华书刊印刷厂
经　销　者	新华书店
	787 毫米×1092 毫米　16 开本　13.25 印张　306 千字 2023 年 2 月第 1 版　2023 年 2 月第 1 次印刷
定　　　价	58.00 元

未经许可，不得以任何方式复制或抄袭本书之部分或全部内容。
版权所有，侵权必究
举报电话：010-62752024　电子邮箱：fd@pup.cn
图书如有印装质量问题，请与出版部联系，电话：010-62756370

《理工类公共基础课课程思政教学案例集》编委会

主　编　王旭东　邵珠山
副主编　刘　超　赵　彬　成　彬　宫春梅　李东波
　　　　　乔学军　郝劲波　王晓明

编　委　曹书文　曹艳平　陈长城　陈清江　陈　群　丁丽萍
　　　　　董俊哲　杜丽英　冯彦妮　高树理　郭春霞　何　林
　　　　　吉飞宇　姜淑艳　李　华　李慧博　李　隆　李　明
　　　　　李鹏程　李顺波　李体政　李　祚　林　芳　刘　勇
　　　　　刘毓婷　芦　苇　马思遥　毛筱霏　倪　娜　庞　庆
　　　　　彭家龙　权豫西　史加荣　孙　燕　孙　昱　田　清
　　　　　王兰芳　王良甚　王梦婷　王宁泊　王　蕊　王　婷
　　　　　王同悦　王　艳　辛　红　徐仰彬　燕列雅　杨春晓
　　　　　殷清燕　袁　莹　张春玲　张　婕　张淑艳　张晓燕
　　　　　张欣会　赵花静　赵　珺

前　言

习近平总书记强调，高校思想政治工作关系高校培养什么样的人、如何培养人以及为谁培养人这个根本问题。要坚持把立德树人作为中心环节，把思想政治工作贯穿教育教学全过程，实现全程育人、全方位育人，努力开创我国高等教育事业发展新局面。习近平总书记还提出，思想政治理论课改革创新要坚持"八个相统一"，强调要坚持显性教育和隐性教育相统一，挖掘其他课程和教学方式中蕴含的思想政治教育资源，实现全员全程全方位育人。

为深入贯彻落实习近平总书记关于教育的重要论述和全国教育大会精神，教育部在2020年5月印发《高等学校课程思政建设指导纲要》，形成了全面覆盖、类型丰富、环环相扣、层层递进、相互融合、相互支撑的课程思政建设指导意见，对进一步深化高校课程思政的体系化建设和改革创新明确了前进方向。

课程思政作为新时代党加强高校人才培养和思想政治教育的新要求、新举措、新方向，作为新时期立德树人的根本遵循，就是要紧紧围绕坚定学生理想信念，以爱党、爱国、爱社会主义、爱人民、爱集体为主线，围绕政治认同、家国情怀、文化素养、宪法法治意识、道德修养等重点优化课程思政内容供给，深入挖掘各类课程和教学方式中蕴含的思想政治教育资源，系统进行中国特色社会主义和中国梦教育、社会主义核心价值观教育、法治教育、劳动教育、心理健康教育、中华优秀传统文化教育，让学生通过学习，掌握事物发展规律，通晓天下道理，丰富学识，增长见识，塑造品格，努力成为德智体美劳全面发展的社会主义建设者和接班人。

西安建筑科技大学理学院深入领会《高等学校课程思政建设指导纲要》精神，围绕立德树人这一根本任务，坚持价值塑造、能力培养和知识传授"三位一体"的原则，积极开展公共基础课课程思政研究与实践，组织数学、物理、力学等多个课程组挖掘整理"高等数学""大学物理""理论力学""工程力学"等公共基础课中所蕴含的思想政治教育元素，凝练打磨出89个课程思政实用教学案例，力求将政治信仰、理想信念、价值理念、道德情操等思政元素"润物无声"地融入公共基础课教学，为广大从事公共基础课教学的同行在课程思政教学方面提供一些示例，为大家的进一步研究提供一些参考蓝本，帮助教师成为"大先生"，帮助学生在学习课程知识的同时，实现德智体美劳各个方面更加全面和长足的发展。

为了将这些在教学前沿探索的宝贵经验进行分享与推广，我们决定将其出版。限于我们的认知水平和经验，案例内容定会有疏忽和不尽如人意之处，希望各位同行、读者朋友们一起分享交流并提出宝贵意见。期盼未来有更多的优秀案例成果出现、推广与应用，共同推动高等教育教学改革与发展，推动高校立德树人根本任务的实现。谢谢！

编写组

2022 年 12 月 18 日

目　录

第一篇　"高等数学"课程思政教学案例 ... 1

- 案例一　强国兴邦，基础为先：映射在密码学中应用的启示 ... 2
- 案例二　精益求精：极限概念形成过程的启示 ... 4
- 案例三　化"危机"为"契机"：从无穷小的历史谈起 ... 6
- 案例四　擅长数学的中华民族：从祖冲之计算圆周率谈起 ... 8
- 案例五　突破陈规，敢于创新：认识无理数 ... 10
- 案例六　量变与质变的辩证关系：从导数的概念谈起 ... 12
- 案例七　以直代曲、化繁为简：从一阶微分的几何意义谈起 ... 14
- 案例八　他山之石，可以攻玉：泰勒公式 ... 17
- 案例九　知之者不如好之者，好之者不如乐之者：费马的启示 ... 19
- 案例十　由特殊到一般，再由一般到特殊：从牛顿-莱布尼茨公式谈起 ... 21
- 案例十一　化未知为已知：计算定积分所蕴含的道理 ... 23
- 案例十二　环境保护：微分方程的应用 ... 25
- 案例十三　长城精神：空间曲线一般式方程的启示 ... 28
- 案例十四　利用辩证的思想来看数学之美：隐函数求导公式 ... 30
- 案例十五　以平代曲，学以致用：多元函数微分学的几何应用 ... 32
- 案例十六　放眼未来，路在当下：方向导数与梯度理论的启示 ... 34
- 案例十七　领会数学思想，树立全局观念：曲顶柱体的体积和平面薄片的质量 ... 36
- 案例十八　从实践中来，到实践中去：三重积分 ... 39
- 案例十九　立足整体，统筹全局：元素法在三重积分中的应用 ... 41
- 案例二十　透过现象看本质：格林公式 ... 43
- 案例二十一　了解历史，爱国自信：常数项级数的概念 ... 45
- 案例二十二　抓主要矛盾，精益求精：幂级数展开思想的深远影响 ... 47

第二篇　"线性代数"课程思政教学案例 ... 50

- 案例一　打破思维定式：矩阵乘法 ... 51
- 案例二　透过现象看本质：线性变换的应用 ... 54
- 案例三　增强民族自豪感，树立远大理想：线性方程组的求解 ... 56

案例四　实践出真知：矩阵的初等变换 ⋯⋯⋯⋯⋯⋯⋯⋯⋯⋯⋯⋯⋯⋯⋯⋯⋯⋯⋯ 59
　　案例五　弘扬集体主义精神：最大线性无关向量组 ⋯⋯⋯⋯⋯⋯⋯⋯⋯⋯⋯⋯⋯⋯ 62
　　案例六　树立社会主义核心价值观：方阵的特征值和特征向量 ⋯⋯⋯⋯⋯⋯⋯⋯⋯ 64
　　案例七　勇于攀登的科学精神：二次型的标准形 ⋯⋯⋯⋯⋯⋯⋯⋯⋯⋯⋯⋯⋯⋯ 66

第三篇　"概率论与数理统计"课程思政教学案例 ⋯⋯⋯⋯⋯⋯⋯⋯⋯⋯⋯⋯⋯⋯ 68

　　案例一　中国骰子的历史：趣说古典概型 ⋯⋯⋯⋯⋯⋯⋯⋯⋯⋯⋯⋯⋯⋯⋯⋯ 69
　　案例二　理论的完善与统一：概率概念的发展史 ⋯⋯⋯⋯⋯⋯⋯⋯⋯⋯⋯⋯⋯⋯ 71
　　案例三　"三个臭皮匠，顶个诸葛亮"：从概率角度的解析 ⋯⋯⋯⋯⋯⋯⋯⋯⋯⋯ 73
　　案例四　辩证思维看待问题：0-1分布 ⋯⋯⋯⋯⋯⋯⋯⋯⋯⋯⋯⋯⋯⋯⋯⋯⋯ 75
　　案例五　坚持、坚忍、锲而不舍的丘成桐：联合分布与边缘分布 ⋯⋯⋯⋯⋯⋯⋯⋯ 77
　　案例六　偶然性与必然性的对立统一：频率与概率 ⋯⋯⋯⋯⋯⋯⋯⋯⋯⋯⋯⋯⋯ 79

第四篇　"大学物理"课程思政教学案例 ⋯⋯⋯⋯⋯⋯⋯⋯⋯⋯⋯⋯⋯⋯⋯⋯⋯ 81

　　案例一　从无到有，从弱到强：中国核潜艇 ⋯⋯⋯⋯⋯⋯⋯⋯⋯⋯⋯⋯⋯⋯⋯⋯ 82
　　案例二　中华儿女的探月梦：嫦娥系列卫星 ⋯⋯⋯⋯⋯⋯⋯⋯⋯⋯⋯⋯⋯⋯⋯⋯ 85
　　案例三　敏于观察、勤于思考：多普勒效应的发现与应用 ⋯⋯⋯⋯⋯⋯⋯⋯⋯⋯ 87
　　案例四　改革创新：青岛胶州湾大桥 ⋯⋯⋯⋯⋯⋯⋯⋯⋯⋯⋯⋯⋯⋯⋯⋯⋯⋯ 89
　　案例五　一方有难、八方支援：汶川大地震 ⋯⋯⋯⋯⋯⋯⋯⋯⋯⋯⋯⋯⋯⋯⋯⋯ 91
　　案例六　文化自信：北京天坛回音壁 ⋯⋯⋯⋯⋯⋯⋯⋯⋯⋯⋯⋯⋯⋯⋯⋯⋯⋯ 94
　　案例七　追求卓越：中国高铁的发展 ⋯⋯⋯⋯⋯⋯⋯⋯⋯⋯⋯⋯⋯⋯⋯⋯⋯⋯ 96
　　案例八　质疑求证：迈克耳孙干涉仪 ⋯⋯⋯⋯⋯⋯⋯⋯⋯⋯⋯⋯⋯⋯⋯⋯⋯⋯ 98
　　案例九　追求真理、勇于创新、具有探索精神的科学观：静电场理论的建立过程 ⋯⋯ 100
　　案例十　从简单到复杂，从特殊到一般：静电场中的高斯定理 ⋯⋯⋯⋯⋯⋯⋯⋯ 102
　　案例十一　增强科学素质，培养科学思维：静电感应与静电平衡 ⋯⋯⋯⋯⋯⋯⋯ 104
　　案例十二　饮水思源，不忘初心：静电场中的电荷 ⋯⋯⋯⋯⋯⋯⋯⋯⋯⋯⋯⋯ 106
　　案例十三　理性思维、勇于探究的科学精神：磁流体 ⋯⋯⋯⋯⋯⋯⋯⋯⋯⋯⋯ 108
　　案例十四　民族的人文底蕴：地球磁场逆转 ⋯⋯⋯⋯⋯⋯⋯⋯⋯⋯⋯⋯⋯⋯⋯ 110
　　案例十五　科学底蕴、民族自豪感：粒子对撞机 ⋯⋯⋯⋯⋯⋯⋯⋯⋯⋯⋯⋯⋯ 112
　　案例十六　严谨求实、勇于创新：光速 ⋯⋯⋯⋯⋯⋯⋯⋯⋯⋯⋯⋯⋯⋯⋯⋯⋯ 114
　　案例十七　科学的进步源于知难而上的科学精神：量子物理学的诞生——黑体辐射 ⋯ 116
　　案例十八　踏实做人、认真做事：康普顿效应的研究过程 ⋯⋯⋯⋯⋯⋯⋯⋯⋯⋯ 118
　　案例十九　科学思维、科学精神：电磁感应定律 ⋯⋯⋯⋯⋯⋯⋯⋯⋯⋯⋯⋯⋯ 120
　　案例二十　科学精神：电磁波的发现 ⋯⋯⋯⋯⋯⋯⋯⋯⋯⋯⋯⋯⋯⋯⋯⋯⋯⋯ 122

第五篇　"理论力学"课程思政教学案例 ⋯⋯⋯⋯⋯⋯⋯⋯⋯⋯⋯⋯⋯⋯⋯⋯⋯ 124

　　案例一　自信与担当：中国古代力学知识的深厚积淀 ⋯⋯⋯⋯⋯⋯⋯⋯⋯⋯⋯⋯ 125
　　案例二　理想信念："不倒翁小姐姐" ⋯⋯⋯⋯⋯⋯⋯⋯⋯⋯⋯⋯⋯⋯⋯⋯⋯ 127
　　案例三　树立豁达的人生观，坚定文化自信："人生到处何似，应似飞鸿踏雪泥" ⋯⋯⋯ 129

案例四　科技是第一生产力：长征系列运载火箭 ················· 131
　　案例五　树立理想，精益求精，实现中国梦：航天器姿态控制 ················· 133

第六篇　"材料力学"课程思政教学案例 ················· 135
　　案例一　力学计算软件之忧：计算力学 ················· 136
　　案例二　抓住主要矛盾：小变形假定 ················· 138
　　案例三　自由与约束的思考：超静定问题 ················· 140
　　案例四　在工程中理解木桶原理：结构许可载荷 ················· 142
　　案例五　扎实的基本功：钱令希 ················· 144
　　案例六　古文献中的合理截面比例：梁的合理设计 ················· 146
　　案例七　魁北克大桥的工程悲剧：轻视压杆稳定问题的代价 ················· 148

第七篇　"工程力学"课程思政教学案例 ················· 150
　　案例一　提升社会责任感，传承工匠精神：中国古建筑的建造工艺及构筑技法 ················· 151
　　案例二　弘扬中华文明，增强民族自信：从瘊子甲谈金属加工对材料力学性能的影响 ················· 155
　　案例三　立足西部绘蓝图，边远地区展风采：谈扭转切应力的大小和分布 ················· 157
　　案例四　向大自然学习，从生物中借力：从生物仿生力学谈敬畏自然 ················· 159
　　案例五　传承精湛营造技艺，脚踏实地提升职业素养：从悬空寺的"障眼法"谈结构受力体系 ················· 164

第八篇　"图学"课程思政教学案例 ················· 168
　　案例一　将知识转化为生产力：中国图学学科建设的奠基人——赵学田 ················· 169
　　案例二　创新时代下的思维：发散思维的培养 ················· 171
　　案例三　激发创新思维：引领世界的中国创新成果 ················· 173
　　案例四　在"规矩"中画方圆：严格执行国家制图标准 ················· 175
　　案例五　弘扬华夏文明、传承工匠精神：中国建筑史 ················· 177
　　案例六　团结协作、众志成城：疫情下的中国速度 ················· 179
　　案例七　秩序、规范与美的科学思维：建筑尺度 ················· 181
　　案例八　珍惜资源，变废为宝：建筑废料的循环再利用 ················· 183
　　案例九　以人为本，匠心筑梦：建筑工程质量问题之教训与思考 ················· 185
　　案例十　激发爱国精神：浅谈青藏铁路路基冻土层处理技术 ················· 187
　　案例十一　人与自然和谐共生：装配式建筑带来的思考 ················· 189
　　案例十二　创新与超越的大桥梦：桥梁发展史的启示 ················· 191
　　案例十三　不忘初心、用一生奋斗谱写奉献长歌：大师的"标准" ················· 193
　　案例十四　学以致用，提升自身综合能力：认真对待每一张零件图 ················· 195
　　案例十五　工利其器，昏镜重明：量块的研磨 ················· 197
　　案例十六　于细微处见成效：质量与公差 ················· 199
　　案例十七　无私奉献、奋发图强：几代人的大飞机梦终实现 ················· 201

第一篇
"高等数学"课程思政教学案例

案例一

强国兴邦，基础为先：映射在密码学中应用的启示

袁 莹

1. 案例主题

映射是现代数学中的一个基本概念，在密码学等领域有广泛的应用。本案例通过对映射的学习，引申出映射的一个具体应用，进而从代换加密法的角度讨论基础学科研究对建设创新型国家的重要意义。

2. 案例资料

在网络时代，信息安全尤为重要，保护信息安全的途径之一是对要发送的信息进行加密。迪菲和赫尔曼在《密码学的新方向》中揭示了现代密码学与数学的密切关系。同样，古典密码学也离不开数学。例如，在古典密码体制中，要通过非可靠的途径发送单词"math"，并不是直接发送，而是将其进行适当变换后再发送。这其实是古典密码体制中最常见的一种加密方法——代换加密法。这种加密方法的数学基础就是映射。

映射的定义如下。

设 X，Y 是两个非空集合，如果存在一个法则 f，使得 X 中的每个元素 x，按照法则 f，在 Y 中都有唯一确定的元素 y 与之对应，那么称 f 为从 X 到 Y 的映射。

代换加密法的数学内核便是一个从英文字母构成的集合到其自身的映射，而解密就是寻找这个映射的逆映射。

逆映射的定义如下。

设 f 是 X 到 Y 的单射，则由映射的定义，对每个 $y \in R_f$，有唯一的 $x \in X$，使得 $f(x) = y$。于是，我们可定义一个从 R_f 到 X 的新映射 g，即 $g: R_f \rightarrow X$，对每个 $y \in R_f$，规定 $g(y) = x$，这个 x 满足 $f(x) = y$。这个映射 g 称为 f 的逆映射。

资料来源：

DIFFIE W，HELLMAN M E，1976. New directions in cryptography [J]. IEEE transactions on information theory, 22（6）：644-654.

同济大学数学系，2014. 高等数学：上册 [M]. 7版. 北京：高等教育出版社.

朱健民，李建平，2015. 高等数学：上册 [M]. 2版. 北京：高等教育出版社.

3. 结合章节

本案例适用于《高等数学：上册》（第七版，同济大学数学系编，高等教育出版社，2014年）第一章第一节"映射与函数"的教学。

4. 思政元素

作为基础学科之一的数学，不仅是自然科学的基石，也是重大技术创新发展的基础，数

学研究对原始创新具有重大意义。"华为芯片断供"事件更是表明了原创性研究成果是国家长远发展的关键所在。

5. 课程思政教学目标

通过对本案例的教学,加强学生对数学重要性的认识;鼓励学生刻苦学习数学,夯实数学基础;培养学生的数学素养和创新意识;鼓励学生形成将个人前途与国家命运紧密联系起来的意识,并树立用科学文化知识报效祖国的理想。

6. 案例描述

本案例介绍了映射在密码学中的一种应用——代换加密法。

代换加密法的解密过程可看作寻找映射的逆映射的过程。密码学是数学学科与计算机学科相结合的产物。除了密码学,数学也已经成为航空航天、生物医药、能源、海洋、人工智能、先进制造等领域不可或缺的重要支撑,是国家重大技术创新发展的基础。

近年来,美国针对我国高新科技产业的龙头公司——华为、中兴通讯、海康威视、中科曙光等,发起一系列无端的极限制裁,导致这些公司损失惨重。损失惨重的主要原因就是美国掌握着芯片技术、操作系统、原材料技术等基础技术的底牌,而这些公司无一例外地受到了这些基础技术的制约。因此,以数学学科为代表的基础学科研究受到了国家越来越多的重视和支持。

当代大学生应该深刻认识到基础学科在技术创新发展中的支撑和引领作用;应志存高远,脚踏实地学习,将青春梦想融入中国梦。

案例二

精益求精：极限概念形成过程的启示

李 祚

1. 案例主题

极限的概念是人们在探求某些实际问题的精确解答的过程中产生的，是认知过程中从近似认识精确、从有限认识无限、从量变认识质变的一种数学方法。本案例介绍了极限概念的形成过程，希望学生从中体会到极限概念中所蕴含的精益求精、一丝不苟的工匠精神。

2. 案例资料

我们在教材上看到的极限的定义，是成熟、严谨的，是经过打磨的。极限概念的产生过程相当漫长，《庄子·天下》中提到"一尺之棰，日取其半，万世不竭"，这种朴素的极限思想经历了上千年无数人的努力、锤炼才写到我们的课本上作为知识来传播，《九章算术》中的割圆术指出，利用圆内接正多边形来推算圆的周长和面积时，随着圆内接正多边形边数的增加，其周长和面积将越来越接近圆的周长和面积。割圆术是"化曲为直"的极限思想在几何学上的一个重要应用，该方法通过不断地"有限分割"达到"无限细分"的目的，从而无穷逼近圆的周长和面积的精确值。

资料来源：

齐民友，2004. 重温微积分 [M]. 北京：高等教育出版社.
同济大学数学系，2014. 高等数学：上册 [M]. 7 版. 北京：高等教育出版社.

3. 结合章节

本案例适用于《高等数学：上册》（第七版，同济大学数学系编，高等教育出版社，2014 年）第一章第二节"数列的极限"的教学。

4. 思政元素

通过了解极限的发展历程，我们应该意识到极限准确的、简练的定义是千百年来无数思想家和数学家智慧的结晶。我们要弘扬这种孜孜以求的探索精神。割圆术蕴含了"有限与无限""直与曲""近似与精确""量变与质变"等辩证唯物主义思想。

5. 课程思政教学目标

通过本案例的教学，引导学生体会数学家追求科学理想的艰辛，提升学生的民族自豪感，培养学生精益求精、一丝不苟的工匠精神，激励学生努力学习，追求卓越。

6. 案例描述

教师可以首先从"一尺之棰"的例子开始讲解。一根长为一尺的木棒，每天截取一半，这样的过程可以无限制地进行下去。将每天截取部分的长度列出（单位为尺）：第一天截取

1/2，第二天截取 $1/2^2$……第 n 天截取 $1/2^n$……这样就得到一个数列，如下所示。

$$\frac{1}{2}, \frac{1}{2^2}, \cdots, \frac{1}{2^n}, \cdots$$

数列 $\left\{\dfrac{1}{2^n}\right\}$ 的通项 $\dfrac{1}{2^n}$ 随着 n 的无限增大而无限地接近于 0。

这个例子有利于引导学生体会中华文化的博大精深，从而增强学生的文化自信。

案例三

化"危机"为"契机":从无穷小的历史谈起

袁 莹

1. 案例主题

在某一变化过程中以零为极限的变量称为无穷小。17—18世纪,数学家们无法用严密的方法来定义无穷小,因此导数、微分、积分等概念模糊不清,这造成了历史上的"第二次数学危机"。本案例通过介绍无穷小概念发展的历史,再现"第二次数学危机"转化为"微积分系统化、完整化"的过程,培养学生化"危机"为"契机"的意识。

2. 案例资料

无穷小的历史可以追溯到文艺复兴时期的不可分量。1630年开普勒逝世以后,不可分量逐渐被称为无穷小。17世纪,随着社会的不断进步,诸如瞬时速度、曲线的切线及不规则图形的面积计算等问题亟需解决。这些问题都与无穷小相关。17世纪晚期,无穷小演算(也就是微积分)这门学科最终形成。微积分理论以极限理论为基础,而无穷小是极限理论的灵魂与内核。贝克莱提出的"无穷小是否为零"的问题(当时称为"贝克莱悖论",运用微积分理论无法解决)引发了"第二次数学危机"。直到19世纪20年代,一些数学家才开始关注微积分的严格基础。从阿贝尔、柯西、狄利克莱等人开始,最终到魏尔斯特拉斯、戴德金和康托尔,这些数学家经过不懈努力,才彻底解决了"无穷小是否为零"的问题。至此,无穷小有了准确的定义。

无穷小的定义如下。

如果函数 $f(x)$ 在 $x \to x_0$ (或 $x \to \infty$) 时的极限为零,那么函数 $f(x)$ 就称为 $x \to x_0$ (或 $x \to \infty$) 时的无穷小。

资料来源:

亚历山大,2019. 无穷小:一个危险的数学理论如何塑造了现代世界[M]. 凌波,译. 北京:化学工业出版社.

朱健民,李建平,2015. 高等数学:上册[M]. 2版. 北京:高等教育出版社.

3. 结合章节

本案例适用于《高等数学:上册》(第七版,同济大学数学系编,高等教育出版社,2014年)第一章第四节"无穷小与无穷大"的教学。

4. 思政元素

矛盾、危机可以引起发展,甚至引发革命,这在数学发展历史上也是屡见不鲜的,在生活中这样的例子更是比比皆是。例如,新型冠状病毒感染疫情暴发以来,世界主要工业化国家或经济体相继出台经济复苏计划,加快推进经济绿色转型和数字化发展,推动全球新一轮产业变革。

5. 课程思政教学目标

通过本案例的教学，培养学生化"危机"为"契机"的意识，使学生正确看待挫折；提高学生应对困难和挫折的能力；培养学生百折不挠的毅力、坚韧不拔的意志、矢志不移的恒心和乐观自信的精神。

6. 案例描述

在介绍了无穷小产生的历史背景及其定义后，可补充以下历史知识。

在微积分已经广泛应用的同时，微积分基础理论受到越来越多的质疑。关键的质疑就是无穷小究竟是否为零，以及无穷小及其分析是否合理？由此引起的争论引发了"第二次数学危机"。"第二次数学危机"不但没有阻碍微积分理论的迅猛发展和广泛应用，反而让微积分理论驰骋在各个科技领域，解决了大量的物理问题、天文问题、数学问题，大大推进了工业革命的发展。就微积分自身而言，经过本次危机的"洗礼"，其自身得到了不断的系统化、完整化，扩展出了不同的分支，成为18世纪数学世界的"霸主"。同时，"第二次数学危机"也促进了19世纪的分析严格化、代数抽象化及几何非欧化的进程。恩格斯曾说："没有哪一次巨大的历史灾难不是以历史的进步为补偿的。"

例如，新型冠状病毒感染疫情是突发性全球危机，对世界经济和全球发展态势产生了重大影响，但也为新兴产业的发展孕育了机遇。当代大学生应树立化"危机"为"契机"的意识，面对困难和挫折百折不回，勇于创新。

案例四

擅长数学的中华民族：从祖冲之计算圆周率谈起

王旭东

1. 案例主题

夹逼原理是极限思想的重要理论基础之一。我国南北朝时期杰出的数学家祖冲之实际上就运用夹逼原理的思想方法计算出了圆周率，这一重要贡献比欧洲至少早了 1000 年。本案例从祖冲之计算圆周率谈起，说明中华民族是擅长数学的民族，从而增强学生的文化自信。

2. 案例资料

夹逼原理：

如果数列 $\{x_n\}$、$\{y_n\}$ 及 $\{z_n\}$ 满足以下两个条件，那么数列 $\{x_n\}$ 的极限存在，且 $\lim\limits_{n\to\infty} x_n = a$。

(1) $y_n \leqslant x_n \leqslant z_n$ $(n=1,2,3,\cdots)$；

(2) $\lim\limits_{n\to\infty} y_n = a$，$\lim\limits_{n\to\infty} z_n = a$。

祖冲之从单位圆的内接正 6 边形和外切正 6 边形出发，再做圆的内接及外切正 12 边形、正 24 边形、……、正 3×2^n 边形。显然边数越多，内接和外切的正多边形的面积就越接近单位圆的面积，进而能逐步地、高精度地算出圆周的长度。祖冲之还进一步得出了精确到小数点后 7 位的圆周率，给出不足近似值 3.1415926 和过剩近似值 3.1415927，还得到两个近似分数值，即密率 355/113 和约率 22/7。

资料来源：

华罗庚, 1963. 高等数学引论：第一卷：第二分册 [M]. 北京：科学出版社.

同济大学数学系, 2014. 高等数学：上册 [M]. 7 版. 北京：高等教育出版社.

3. 结合章节

本案例适用于《高等数学：上册》（第七版，同济大学数学系编，高等教育出版社，2014 年）第一章第六节"极限存在准则　两个重要极限"的教学。

4. 思政元素

祖冲之证明了圆周率位于 3.1415926 与 3.1415927 之间，这是中国数学在科学史上的光辉成就。祖冲之计算圆周率的方法是极限的夹逼原理具体运用的极好案例，证明了中华民族自古以来就是擅长数学的民族。这也是培养新时代大学生的爱国情怀及民族自信心的极好素材。

5. 课程思政教学目标

通过本案例的教学，说明中华民族自古就是擅长数学的民族，以增强学生的民族自豪感。

6. 案例描述

《隋书》中有圆周率的相关记载："宋末，南徐州从事史祖冲之，更开密法，以圆径一亿为一丈，圆周盈数三丈一尺四寸一分五厘九毫二秒七忽，朒数三丈一尺四寸一分五厘九毫二秒六忽，正数在盈朒二限之间。密率，圆径一百一十三，圆周三百五十五。约率，圆径七，周二十二。"

令 x_n 表示内接正 $6\times 2^{n-1}$ 边形的周长，y_n 表示外切正 $6\times 2^{n-1}$ 边形的周长，内接正 $6\times 2^{n-1}$ 边形的周长恒小于圆的周长，而外切正 $6\times 2^{n-1}$ 边形的周长恒大于圆的周长，故

$$0 \leqslant y_n - x_n = 6\times 2^n \left(\tan \frac{2\pi}{6\times 2^n} - \sin \frac{2\pi}{6\times 2^n} \right)$$

$$= 6\times 2^{n+1} \tan \frac{2\pi}{6\times 2^n} \sin^2 \frac{\pi}{6\times 2^n}$$

当 n 趋于无穷大时，上式右侧趋于 0，进而推出圆的周长和面积。

学生在学习了祖冲之计算圆周率的方法之后，可进一步了解历史上祖冲之的儿子祖暅用"缀术"求球体体积的方法，球体体积 V 满足下式：

$$2\pi \sum_{i=1}^{n} \frac{1}{n} \left[1 - \left(\frac{i}{n} \right)^2 \right] r^3 < V < 2\pi \sum_{i=1}^{n} \frac{1}{n} \left[1 - \left(\frac{i-1}{n} \right)^2 \right] r^3$$

可知

$$\lim_{n\to\infty} 2\pi \sum_{i=1}^{n} \frac{1}{n} \left[1 - \left(\frac{i-1}{n} \right)^2 \right] r^3 = \lim_{n\to\infty} 2\pi \sum_{i=1}^{n} \frac{1}{n} \left[1 - \left(\frac{i}{n} \right)^2 \right] r^3 = \frac{4}{3} \pi r^3$$

祖暅将球体的半径分成 n 等份，以垂直于该半径的方向切片，切片为一个圆，并将相邻两切片之间的圆台看作圆柱，圆柱的半径位于圆台的上下半径之间，祖暅就这样根据夹逼原理的思想，算出了球体的体积。这同样是中国数学在科学史上写下的光辉灿烂的篇章。

中国古代数学家创立了领先世界的数学成果，现在数学的重要性得到国家越来越多的肯定。青年学生一定要树立信心、锐意创新，在科技领域再创新的辉煌。

数学实力往往影响着国家实力，几乎所有的重大发现都与数学的发展与进步相关，数学已成为航空航天、国防安全、生物医药、信息、能源、海洋、人工智能、电子商务、先进制造、大数据等领域不可或缺的重要支撑。2018 年，国务院发布《关于全面加强基础科学研究的若干意见》，提出"潜心加强基础科学研究，对数学、物理等重点基础学科给予更多倾斜"。

案例五

突破陈规，敢于创新：认识无理数

吉飞宇

1. 案例主题

19世纪末，欧洲的数学得到了很大的发展，德国数学家康托尔的集合论和超穷数理论被称为人类纯智力活动的最高成就。本案例从数列的第二个重要极限出发，让学生了解任何实数都是一个有理数列的极限，也是一个无理数列的极限。将极限理论建立在实数集之上，极限理论就有了坚实的基础。

2. 案例资料

康托尔创立的集合论是现代数学的基础。集合论中的超穷数是康托尔阐述的核心。他给出无理数新的理解方法。

他把无穷集合分为可数集和不可数集。可数集主要是利用对等的思想进行研究的。例如，正整数集中元素的个数和有理数集中元素的个数是相同的，实数集同开区间（0，1）是对等的，线段上点的个数同整个平面上点的个数相同，等等。康托尔的这些思想遭到当时一批数学家的排斥和批判，他多次被逼得住进精神病院，他的研究成果也被冷落多年。这里不得不说的是连当时的数学天才庞加莱都对康托尔的研究表示不认同。

1897年，在第一届国际数学家大会上康托尔的研究成果得到了公开承认和热情称赞。可惜，这时的康托尔已经是疾病缠身。1918年，康托尔在德国一所精神病院去世。

资料来源：

同济大学数学系，2014. 高等数学：上册［M］. 7版. 北京：高等教育出版社.

3. 结合章节

本案例适用于《高等数学：上册》（第七版，同济大学数学系编，高等教育出版社，2014年）第一章第九节"连续函数的运算与初等函数的连续性"的教学。

4. 思政元素

康托尔把一个无理数理解为一个有理数列的极限，这种做法既突破了人们对数的认识，也推广了极限的思想。康托尔敢于突破陈规，敢于创新，静下心来坚持自己创作，为数学和哲学的发展作出了巨大的贡献。

5. 课程思政教学目标

通过本案例的教学，让学生知道康托尔建立实数完备性理论的过程不是一帆风顺的，引导学生在学习当中勇于创新，不怕困难，不急功近利，不急躁，能沉下心，不怕质疑，在质疑中成长。

6. 案例描述

德国数学家康托尔创立了著名的集合论。有理数是可数的，但有理数不能与无理数一一对应，即无理数是不可数的，实数也是不可数的。人们将无穷的定义数学化。当极限理论建立在实数集之上时，极限理论就有了坚实的基础。例如，求有理数列 $\left\{\left(1+\dfrac{1}{n}\right)^n\right\}$ 的极限，其极限是无理数 e，即 $\lim\limits_{n\to\infty}\left(1+\dfrac{1}{n}\right)^n=e$，任何一个无理数都可以看成是一个有理数列的极限。

集合论在刚产生时，曾遭到许多人的猛烈攻击。但不久这一开创性成果就被数学家们所接受，并且获得了广泛而高度的赞誉。数学家们发现，从自然数与康托尔的集合论出发可建立起整个数学大厦。因而集合论成为现代数学的基础。"一切数学成果皆可建立在集合论基础上"这一发现使数学家们为之陶醉。

后来，英国哲学家、数学家罗素提出著名的"罗素悖论"（理发师悖论）：理发师只给那些"不给自己刮胡子"的人刮胡子，这个理发师应不应该给自己刮胡子呢？该悖论指出集合论是有漏洞的，引发了"第三次数学危机"。1908年，策梅洛提出了公理化集合论体系，这在很大程度上弥补了康托尔集合论的缺陷，比较圆满地解决了"第三次数学危机"。

本案例可以提高学生对本节课知识点的兴趣，更重要的是能增加学生学习"高等数学"这门课程的信心，培养学生的创新能力。

案例六

量变与质变的辩证关系：从导数的概念谈起

李 祚

1. 案例主题

导数是高等数学中的一个重要概念。本案例通过对导数的研究，引导学生体会由量变引起质变的哲学观点，用运动发展的观点认识世界。

2. 案例资料

17世纪中期，生产力得到了较快发展，因此在生产实践过程中涌现出了一系列新的问题。例如，由光学透镜的设计及炮弹弹道轨迹的计算引起的有关曲线切线的研究；已知物体运动的路程与时间的函数关系，求瞬时速度的研究；或者已知物体运动的速度与时间的函数关系，求加速度的研究；等等。

要求过已知点 A 处切线的斜率，需先在曲线上另取点 B，求得割线 AB 的斜率；接着使点 B 沿曲线无限地接近点 A。割线 AB 的极限位置就是曲线在点 A 处的切线，即切线的斜率为割线斜率的极限值。在点 B 沿曲线无限逼近点 A 的过程中，其对应的割线 AB 的斜率在不断地发生变化，但这只是一个量变过程，其数值代表的意义是割线的斜率，但当动点 B 到达极限位置（即点 B 与点 A 重合）时，割线 AB 的斜率发生质变，变成了切线的斜率。

资料来源：

齐民友，2004. 重温微积分［M］. 北京：高等教育出版社.
同济大学数学系，2014. 高等数学：上册［M］. 7版. 北京：高等教育出版社.

3. 结合章节

本案例适用于《高等数学：上册》（第七版，同济大学数学系编，高等教育出版社，2014年）第二章第一节"导数概念"的教学。

4. 思政元素

导数的概念蕴涵了"有限与无限""直与曲""近似与精确""量变与质变"等辩证唯物主义思想，揭示了从量变到质变的规律：一切事物的变化都从量变开始，量变是质变的必要准备，质变是量变的必然结果；质变不仅可以完成量变，也为新的量变开辟了道路。

5. 课程思政教学目标

通过本案例的教学，帮助学生了解导数产生的实际背景，确定导数定义中蕴含的量变与质变的辩证关系；引导学生用发展的观点看问题，坚持与时俱进；培养学生的辩证思维，以及类比、归纳及总结问题共性的能力；引导学生体会学习要日积月累的道理，要不懈地努力。

6. 案例描述

导数是高等数学的基础内容之一，也是其核心内容。导数是研究函数增减问题、变化快慢问题、最值问题等最有效的工具，可用于解决如高台跳水运动员的瞬时速度、曲线的切线斜率等众多变化率的问题。

教师在讲解导数知识点的过程中，可以首先引入平均变化率的概念，平均变化率是两个变量改变量的比值 $\dfrac{\Delta y}{\Delta x}$。这个比值的绝对值的大与小，体现了速度变化的快与慢。平均变化率是引出导数的重要铺垫，教师可以先从几何和物理两方面有关导数的引例开始来引导学生理解平均变化率，再引导学生发现平均变化率的粗糙和不确定性。如何才能够精确地表达某一位置的变化率呢？这时教师可以引入瞬时变化率的概念，进一步引导学生理解导数的定义。

导数的定义中 $\dfrac{f(x)-f(x_0)}{x-x_0}$ 是函数 $f(x)$ 在区间 (x, x_0) 或 (x_0, x) 上的平均变化率，$\lim\limits_{x \to x_0} \dfrac{f(x)-f(x_0)}{x-x_0}$ 则是函数 $f(x)$ 在点 x_0 的瞬时变化率，显然它们是不同的，但它们又是统一的。平均变化率蕴含着瞬时变化率，瞬时变化率是平均变化率的极限状态，因此导数的概念是对立统一的，是平均变化率与瞬时变化率的对立统一。

瞬时变化率和切线斜率，虽然背景不同，但求解思路一致。从结果的形式看，它们的所求量都是一种特殊形式的极限。这说明我们研究问题要透过现象看本质，学会类比归纳，总结问题的共性。从研究方法上看，它们都是将一点的问题扩展到一个区间上去研究，得到问题的近似解，然后通过取极限的方法求得问题的精确解。这种以不变代变，用近似逼近精确的研究方法是科学研究的一种重要方法。

案例七

以直代曲、化繁为简：从一阶微分的几何意义谈起

乔学军

1. 案例主题

微分是一个与导数密切相关又有本质区别的重要概念，本案例可以引导学生通过学习微分的概念、计算方法及应用方法，掌握在微小局部用线性函数近似代替非线性函数这一微分学的重要思想。本案例从一阶微分的几何意义谈如何以直代曲、化繁为简，以及如何抓事物的主要矛盾及矛盾的主要方面。

2. 案例资料

为了对微分有比较直观的了解，我们来说明微分的几何意义。

在直角坐标系中，函数 $y=f(x)$ 的图形是一条曲线。对于某一固定的 x_0 值，曲线上有一个确定点 $M(x_0, y_0)$ 与之对应，当自变量 x 有微小增量 Δx 时，就得到曲线上另一点 $N(x_0+\Delta x, y_0+\Delta y)$ 与之对应，如图 1.1 所示。

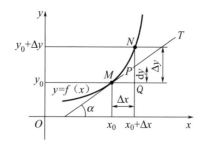

图 1.1　微分的几何意义

从图 1.1 可知：

$$MQ=\Delta x$$
$$QN=\Delta y$$

过 M 点做曲线的切线，它与 x 轴正向的夹角为 α，则

$$QP=MQ \cdot \tan\alpha=\Delta x f'(x_0)$$

即

$$dy=QP$$

由此可见，当 Δy 是曲线 $y=f(x)$ 上的 M 点的纵坐标的增量时，dy 就是曲线的切线上 M 点的纵坐标的相应增量。当 $|\Delta x|$ 很小时，$|\Delta y-dy|$ 比 $|\Delta x|$ 小得多。因此，在 M 点的邻近范围内可以用切线段来近似代替曲线段。

资料来源：

同济大学数学系，2014. 高等数学：上册 [M].7 版. 北京：高等教育出版社.

3. 结合章节

本案例适用于《高等数学：上册》（第七版，同济大学数学系编，高等教育出版社，2014 年）第二章第五节"函数的微分"的教学。

4. 思政元素

函数在一点处的微分是函数增量的近似值，它与函数增量仅相差 Δx 的高阶无穷小。因此有下面两个公式：

$$\Delta y \approx \mathrm{d}y = f'(x_0)\Delta x$$
$$f(x_0+\Delta x) \approx f(x_0) + f'(x_0)\Delta x$$

表现在几何上就是在微小局部用曲线上一点处的切线段近似代替曲线段，这是数学中以直代曲的思想，此思想有着化繁为简的神奇作用，在近似计算方面也有着广泛的应用，是近似计算对数值、指数值、幂函数值及三角函数值的有力工具，是微分学的关键所在。从哲学上来说，这一思想体现了应抓住事物的主要矛盾、抓住矛盾的主要方面这一哲学原理，既有精度又方便运用。

5. 课程思政教学目标

通过本案例的教学，让学生理解微分的概念及其几何意义，能运用微分进行近似计算；学会运用抓住事物的主要矛盾、抓住矛盾的主要方面这一哲学原理，并有意识地用这一原理在科学实践、社会实践中指导具体的工作。

6. 案例描述

先分析一个具体问题，假设一块正方形金属薄片受温度变化的影响，其边长由 x_0 变到 $x_0+\Delta x$（图 1.2），问此金属薄片的面积改变了多少？

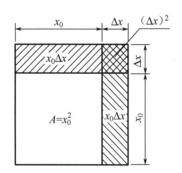

图 1.2 正方形金属薄片的面积变化

设此金属薄片的边长为 x，面积为 A，则 A 是 x 的函数：$A=x^2$。金属薄片受温度变化影响时面积的改变量，可以看成是当自变量 x 自 x_0 取得增量 Δx 时，函数 A 相应的增量 ΔA，即

$$\Delta A = (x_0+\Delta x)^2 - x_0^2 = 2x_0\Delta x + (\Delta x)^2$$

从上式可以看出，ΔA 分成两部分：第一部分 $2x_0\Delta x$ 是 ΔA 的线性函数，也是其主要部分，即图中带有斜线的两个矩形面积之和；而第二部分 $(\Delta x)^2$ 在图中是带有交叉斜线的小正方形的面积，当 $\Delta x \to 0$ 时，第二部分 $(\Delta x)^2$ 是比 Δx 高阶的无穷小，即 $(\Delta x)^2 = o(\Delta x)$。由此可见，如果边长改变很微小，即 $|\Delta x|$ 很小时，面积的改变量 ΔA 可近似地用第一部分

来代替。

一般地，如果函数 $y=f(x)$ 满足一定条件，则函数的增量 Δy 可表示为
$$\Delta y = A\Delta x + o(\Delta x)$$
其中，A 是不依赖于 Δx 的常数，因此 $A\Delta x$ 是 Δx 的线性函数，且 Δy 与它之差
$$\Delta y - A\Delta x = o(\Delta x)$$
是比 Δx 高阶的无穷小。所以，当 $A \neq 0$，且 $|\Delta x|$ 很小时，我们就可近似地用 $A\Delta x$ 来代替 Δy。

毛泽东在《矛盾论》中指出："科学研究的区分，就是根据科学对象所具有的特殊的矛盾性。因此，对于某一现象的领域所特有的某一种矛盾的研究，就构成了某一门科学的对象。"

案例八

他山之石，可以攻玉：泰勒公式

权豫西

1. 案例主题

对于一些较复杂的函数，为了便于研究其性质并对其进行近似计算，往往可以用多项式近似表达这个函数，这就是逼近的思想。泰勒公式就是实现这种逼近思想的一种方法，可以从一个单独的点不断求导进而画出整个函数的曲线，体现了"一点是如何蕴含整个世界的"。

2. 案例资料

在微分的学习中，我们在局部范围内用简单函数近似代替复杂函数，可以进行近似计算，误差只是较 Δx 的高阶无穷小，但为了提高精确度，我们需要寻找新的简单函数来逼近复杂函数。

当时数学界对多项式的研究和应用已经趋于成熟，而对复杂函数却还是束手无策，如 $f(x)=\sin x^2 \ln(1+x)$。18世纪，英国著名数字学泰勒迎难而上，决定让这些复杂函数现出原形，变得简单。他用简单函数——多项式去逼近复杂的光滑函数，从而建立了泰勒公式。

资料来源：

同济大学数学系，2014. 高等数学：上册 [M] . 7 版 . 北京：高等教育出版社 .

3. 结合章节

本案例适用于《高等数学：上册》（第七版，同济大学数学系编，高等教育出版社，2014年）第三章第三节"泰勒公式"的教学。

4. 思政元素

2017年12月1日，习近平在中国共产党与世界政党高层对话会上的主旨讲话中指出："他山之石，可以攻玉。中国共产党历来强调树立世界眼光，积极学习借鉴世界各国人民创造的文明成果，并结合中国实际加以运用。马克思主义就是中国共产党人从国外学来的科学真理。"我们只有借鉴他人的优点，才能拥有丰富的学识和健全的人格；我们的各民族互相交融，才创造了璀璨的中华文明。

5. 课程思政教学目标

通过本案例的教学，培养学生的数学思维，建立用简单代替复杂、用线性代替非线性的数学思维；引导学生通过借鉴已有的结论去解决遇到的难题，树立正确的思维方式。

6. 案例描述

泰勒公式利用简单的多项式去逼近一个复杂的函数，从而完美地解决了复杂函数的计算问题。

在教学中，教师可以提出问题：微分可以做近似计算，但计算精度并不高，对于任意一个复杂的函数，如何获得它在一点的值？

要解决这个问题，我们往往希望用一些简单的函数来近似表达，而多项式是各类函数中最简单的一种。多项式本身的运算仅是有限项加减法和乘法，因此在数值计算方面，多项式是人们乐于使用的工具。我们经常用多项式来近似表达函数。

假设 $f(x)$ 在 x_0 处具有 n 阶导数，则多项式函数
$$P_n(x)=a_0+a_1(x-x_0)+a_2(x-x_0)^2+\cdots+a_n(x-x_0)^n$$
中的系数 $a_0, a_1, a_2, \cdots, a_n$ 如何确定？

泰勒中值定理1：若函数 $f(x)$ 在 x_0 处具有 n 阶导数，那么存在 x_0 的一个邻域，对于该邻域内的任意一个 x，有
$$f(x)=f(x_0)+f'(x_0)(x-x_0)+\frac{f''(x_0)}{2!}(x-x_0)^2+\cdots+\frac{f^{(n)}(x_0)}{n!}(x-x_0)^n+R_n(x)$$
其中，$R_n(x)=o[(x-x_0)^n]$。

如果需要具体估算误差，需要用到泰勒中值定理2。

利用泰勒公式做近似计算，为了取得较好的逼近效果，点 x_0 的选取很关键。

泰勒公式是用多项式函数代替复杂函数，体现了"以曲代曲"的思想，是通过已知的函数认知未知的函数。通过对泰勒公式的学习，可以让我们认知到"他山之石，可以攻玉"。

案例九

知之者不如好之者，好之者不如乐之者：费马的启示

权豫西

1. 案例主题

通过对费马引理的讲解，简介费马的生平事迹，着重强调费马所取得的数学成就，进而启发学生只要抱有学习的兴趣，持之以恒，总会取得成就。

2. 案例资料

费马是17世纪法国的律师和业余数学家。虽然费马只是业余数学家，但他在数学上的成就不比职业数学家差，他在解析几何、微积分、概率论、数论等方面都有所贡献。费马是微积分的先驱者之一，他在《求最大值与最小值的方法》中提出了求切线的方法。

费马一生从未受过专门的数学教育，数学研究也不过是他的业余爱好。然而，在17世纪的法国还找不到哪位数学家可以与之匹敌。费马和笛卡尔并称"解析几何的发明者"，费马主张由方程出发研究轨迹，他用代数方法对古希腊几何学家阿波罗尼奥斯关于轨迹的一些失传的证明做了补充；费马对于微积分诞生的贡献仅次于牛顿和莱布尼茨，他建立了求切线、极大值和极小值以及定积分的方法，对微积分研究有重大贡献；费马是概率论的主要创始人，也是独撑17世纪数论天地的人；此外，费马对物理学也有重要贡献。一代数学天才费马堪称17世纪法国最伟大的数学家。

资料来源：

同济大学数学系. 高等数学：上册［M］. 7版. 北京：高等教育出版社，2014.

王树禾，2003. 数学思想史［M］. 北京：国防工业出版社.

3. 结合章节

本案例适用于《高等数学：上册》（第七版，同济大学数学系编，高等教育出版社，2014年）第三章第一节"微分中值定理"的教学。

4. 思政元素

孔子曰："知之者不如好之者，好之者不如乐之者。"费马在律师工作之余，把大量的时间花在了他所钟爱的数学问题里。他很少出去应酬，也不怎么把加官进爵作为奋斗目标，始终活在自己创建的数学世界里，默默钻研、耕耘着。即便他创造出了解析几何这个全新工具，也从未改变自己在数学方面的研究习惯。正是他始终如一、乐此不疲的研究态度，使他成为数学史上的"业余数学家之王"。

5. 课程思政教学目标

通过本案例的教学，我们了解到，费马作为一位业余的数学工作者，做出了巨大的成就，由此可以引导学生培养细致严谨的作风，树立创新意识，继承和发扬大师们的科研精神，这样才有可能在各方面做出成就。

6. 案例描述

教师可以给出极大值和极小值的定义，并以 $y=x^2$ 在 $x=0$ 处取得极小值为例，引导学生发现函数在该点处具有水平切线，进而引入费马引理。

费马引理假设函数 $f(x)$ 在点 x_0 的某邻域 $U(x_0)$ 内有定义，并且在 x_0 处可导，如果对任意的 $x \in U(x_0)$，有

$$f(x) \leqslant f(x_0) \text{ 或 } f(x) \geqslant f(x_0)$$

那么 $f'(x_0)=0$，即可导函数 $f(x)$ 在点 x_0 处取得极值。

接着，介绍费马的生平，强调费马在业余时间钻研数学所取得的成就，重点介绍他对微积分的发展所做出的贡献。从而让学生体会数学家们严谨的科研精神，引导学生从数学发展史中自我思考、勇于创新，引导学生树立细致严谨的作风。

案例十

由特殊到一般，再由一般到特殊：
从牛顿–莱布尼茨公式谈起

丁丽萍　田　清

1. 案例主题

从牛顿–莱布尼茨公式谈研究问题时应如何由特殊到一般，再由一般到特殊。

2. 案例资料

著名的数学家希尔伯特曾经说过："在讨论数学问题时，我相信特殊化比一般化起着更为重要的作用。"那么我们尝试从特殊的问题出发，猜想定积分的计算存在简便的方法。

设某物体做变速直线运动，其速度函数 $v(t)$ 和位置函数 $s(t)$ 非负连续，求这一物体在 t_1 到 t_2 时间内所经过的路程。容易求得

$$\int_{t_1}^{t_2} v(t)\,\mathrm{d}t = s(t_2) - s(t_1) = s(t)\Big|_{t_1}^{t_2}$$

且有关系式 $s'(t) = v(t)$。

那么对于一般的可积函数，是否也有同样的结论？即设 $F'(x) = f(x)$，下式是否成立？

$$\int_a^b f(x)\,\mathrm{d}x = F(b) - F(a) = F(x)\Big|_a^b$$

如果成立，那么定积分的计算就可以转化为原函数的计算，这些是学生更擅长的。

资料来源：

同济大学数学系, 2014. 高等数学：上册 [M]. 7 版. 北京：高等教育出版社.

伊夫斯, 1986. 数学史概论 [M]. 欧阳绛, 译. 太原：山西人民出版社.

3. 结合章节

本案例适用于《高等数学：上册》（第七版，同济大学数学系编，高等教育出版社，2014 年）第五章第二节"微积分基本公式"的教学。

4. 思政元素

在牛顿–莱布尼茨公式这一节中，可以采用由特殊到一般的教学方法。这顺应了学生的思维方式，学生能够跟随教师积极参与课堂教学，气氛会变得非常活跃。这有利于学生们充分理解牛顿–莱布尼茨公式，还能使学生们学会"由特殊到一般，再由一般到特殊"这一解决问题的数学思维方法。

5. 课程思政教学目标

"由特殊到一般，再由一般到特殊"是解决数学问题的一个基本路径，适用于数学学习

的整个过程。数学公式及定理，往往都是从特殊的例子开始，通过总结归纳得出一般的猜想，然后经过严格的证明，成为一般结论。通过本案例的教学，培养学生逻辑思维和归纳推理等能力。

6. 案例描述

定积分 $\int_a^b f(x)\mathrm{d}x$ 的计算方法一开始很复杂，我们可以先从实际问题中寻找解决问题的线索。例如，变速直线运动中的速度函数 $v(t)$ 与位置函数 $s(t)$ 之间的联系。在这一问题中，我们可以看到 $s'(t)=v(t)$，即 $s(t)$ 是 $v(t)$ 的一个原函数。由定积分的定义可知 $\int_a^b v(t)\mathrm{d}t$ 表示直线运动在 $[a,b]$ 时间段的位移，即

$$\int_a^b v(t)\mathrm{d}t = s(b) - s(a)$$

也就是说，该定积分等于被积函数的一个原函数在积分区间上的增量。这一关系在一定条件下具有普遍性。因此许多定积分的计算就可以转化为不定积分的计算。这里体现了数学的研究方法：观察—猜想—证明—应用。

人们认识客观世界的方法大多是"由特殊到一般，再由一般到特殊"。也就是先从个别的事物出发，经分析归纳得到一般性理论，然后加以论证，最后用所得的一般性理论对具体问题进行分析。

当论证一个一般性理论时，可以先从几个简单的特殊情况入手。当探求一个问题的规律时，也可以先从少数特殊的事例入手，摸索出规律，再利用理论加以证明，这就是归纳的方法。想论证某个命题是否正确，也可以举一个具体的反例来说明。总之，"由特殊到一般，再由一般到特殊"是一种十分重要的方法，它可以把复杂的问题简单化，把抽象的问题具体化，帮助我们思考和解决问题。

案例十一

化未知为已知：计算定积分所蕴含的道理

曹艳平

1. 案例主题

对定积分的换元法与分部积分法的学习，不仅能让学生学会定积分的计算，而且能让学生明白这些数学方法所蕴含的"化未知为已知"的道理。

2. 案例资料

定积分的换元法具体如下。

$$\int_a^b f(x)\mathrm{d}x \xrightarrow{x=\phi(t)} \int_\alpha^\beta f[\phi(t)]\phi'(t)\mathrm{d}t$$

定积分的换元法是在一定条件下，将难以解决的复杂积分通过换元、换限转化成简单易算的积分。这一方法的关键是正确的换元。

定积分的分部积分法是按照一定的原则进行凑微分，利用分部积分实现由难到易的转化，具体如下。

$$\int_a^b u(x)v'(x)\mathrm{d}x = u(x)v(x)\Big|_a^b - \int_a^b u'(x)v(x)\mathrm{d}x$$

资料来源：

同济大学数学系，2014. 高等数学：上册［M］. 7版. 北京：高等教育出版社.

徐萍，2018. 卓越人才培养中高等数学"课程思政"的思考［J］. 课程教育研究（32）：101.

3. 结合章节

本案例适用于《高等数学：上册》（第七版，同济大学数学系编，高等教育出版社，2014年）第五章第三节"定积分的换元法和分部积分法"的教学。

4. 思政元素

定积分的换元法和分部积分法孕育着很多辩证思想。在学习中，对于复杂的定积分，我们只有通过换元法或分部积分法将其转化成简单积分才能加以计算。在教学中，让学生通过学习数学知识与方法明白做人做事的道理，引导学生在实际生活中遵循一定的原则。如果最开始的决策就是错误的，事情就可能发展得越来越复杂，越来越不可收拾。在这一情况下，我们应及时改变思路，将事情化繁为简，化未知为已知。

5. 课程思政教学目标

数学具有高度抽象性、概括性和逻辑性，无论是在训练人们的思维能力方面还是在实际生活中，都有着广泛的应用。通过本案例的教学，引导学生将数学的思维方法融入自己的现实生活，进一步地体会数学的价值，从而激发学生学习数学的兴趣，提升教学效果。

6. 案例描述

对于一些简单的定积分问题，我们可以直接用牛顿-莱布尼茨公式进行计算，但是，有些复杂的定积分问题，用这种方法难以计算。面对这些问题，我们可以根据不同情况引入定积分的换元法：

$$\int_a^b f(x)\mathrm{d}x \xrightarrow{x=\phi(t)} \int_\alpha^\beta f[\phi(t)]\phi'(t)\mathrm{d}t$$

把原来定积分中的 x 换成 $\phi(t)$ 并换限，将难以计算的复杂积分转化成已知的简单积分。

根据不同情况，也可以引入分部积分法。这一方法的关键是按照一定的原则选定 u 和 v' 进行凑微分，再利用分部积分实现由难到易、由未知到已知的转化。

在教学中，结合两种方法的思维方式让学生明白：在实际生活中，凡事都需要遵循一定的原则。

案例十二

环境保护：微分方程的应用

刘 勇

1. 案例主题

微分方程是一门应用性很强的基础课程，案例教学能提高学生对基本原理的理解程度，调动学生学习的主观能动性。本案例把环境保护融入微分方程的教学中，以增强学生学习微分方程的兴趣，提高其环境保护意识。

2. 案例资料

设某湖的湖水容量 $V=10^{12}\,\mathrm{m}^3$。每年在该湖的上游、下游分别有流量 $Q=10^{11}\,\mathrm{m}^3$ 的河水流进、流出该湖。20 年前，该湖的上游河边建立了一个化工厂，该化工厂在生产过程中会排放一种有害物质到湖水中污染湖水的生态环境。环保部门通过检测发现，这种有害物质的河水污染浓度达到了 $0.05\,\mathrm{mg/m}^3$，湖水污染浓度达到了 $0.03\,\mathrm{mg/m}^3$。于是，有关部门责令该化工厂进行整改，并将对该化工厂进行罚款处理。该化工厂辩解：以前排放污水时，从未使河水污染浓度超过规定的 $0.001\,\mathrm{mg/m}^3$ 的标准，最近只是由于疏忽，才使河水轻微污染，请求免除罚款。

试建立微分方程模型对湖水污染问题进行分析，判断化工厂是否在说谎。

经分析可知，湖水污染是由上游河水污染引起的，并且任意时刻湖水的污染程度都与上一个时刻河水的污染程度，以及新引起的污染有关。因此可以通过建立微分方程模型来研究湖水的污染程度。

为了使问题简化，在建立模型之前做一些假设。设河水是湖水的唯一水源且湖水容量不变；河水流进湖后立即与湖水充分混合，使有毒污染物全部溶解在湖水中；在这一过程中不考虑湖水、河水的自净化作用，不考虑降水、蒸发等因素对湖水产生的影响；污染物在河水、湖水中分布均匀。

在上述假设基础上，设 $u(t)$、$v(t)$ 分别为 t 时刻的湖水污染浓度与河水污染浓度，则在 Δt 时间内湖水污染浓度的变化规律为

$$[u(t+\Delta t)-u(t)]V=v(t)Q\Delta t-u(t)Q\Delta t$$

两边同除 Δt，当 $\Delta t \to 0$ 时取极限，得微分方程

$$\frac{\mathrm{d}u}{\mathrm{d}t}=[v(t)-u(t)]\frac{Q}{V},\ u(0)=0$$

当 $v(t)$ 保持不变时，方程可简化为

$$\frac{\mathrm{d}u}{\mathrm{d}t}=[v-u(t)]\frac{Q}{V},\ u(0)=0$$

这是一阶线性微分方程，其解为

$$u(t)=v(1-\mathrm{e}^{-\frac{Q}{V}t})$$

根据上述特解,可以看出 $u(t) \leqslant v$,即湖水污染浓度不会超过河水污染浓度。所以该化工厂若一直以 $0.001\mathrm{mg/m^3}$ 的污染浓度排放污水,湖水不可能被污染。当 $v(t)=0.05\mathrm{mg/m^3}$ 时,由 $V=10^{12}\mathrm{m^3}$,$Q=10^{11}\mathrm{m^3}$,$u(t)=0.03\mathrm{mg/m^3}$ 可以解得 $t \approx 9.16$ 年,即当河水污染浓度为 $0.05\mathrm{mg/m^3}$ 时,至少要经过 9 年时间才能使湖水污染浓度变为 $0.03\mathrm{mg/m^3}$,所以该化工厂称只是最近疏忽才使河水污染的说法是不成立的。再假设该化工厂的污染是逐年线性增长的,即 $v(t)=\dfrac{0.05t}{20}$,代入方程得

$$\frac{\mathrm{d}u}{\mathrm{d}t}=-0.1u(t)+0.1\times 0.0025t, u(0)=0$$

可解得

$$u(t)=0.0025(t-10+10\mathrm{e}^{-0.1t})$$

把 $u(t)=0.03\mathrm{mg/m^3}$ 代入上式,求得 $t \approx 20.74$ 年,这与该化工厂建厂时间正好吻合。因此该假设的可能性最大,即该化工厂 20 年来排污浓度是逐年增长的,致使 20 年后湖水中有害物质浓度达到 $0.03\mathrm{mg/m^3}$。通过建模和分析可知,湖水的污染是由该化工厂常年向河水中排放污染物引起的。

资料来源:

刘娟,2014. 常微分方程教学中的案例分析 [J]. 蚌埠学院学报,3(2):33-36.

同济大学数学系,2014. 高等数学:上册 [M]. 7 版. 北京:高等教育出版社.

吴楚芬,2015. 案例分析在常微分方程教学中的应用 [J]. 数学学习与研究(5):79.

3. 结合章节

本案例适用于《高等数学:上册》(第七版,同济大学数学系编,高等教育出版社,2014 年)第七章第一节"微分方程的基本概念"的教学。

4. 思政元素

实践证明,脱离环境保护搞经济发展是"竭泽而渔",离开经济发展抓环境保护是"缘木求鱼"。我们要按照绿色发展理念,树立大局观、长远观、整体观;坚持节约资源和保护环境的基本国策,把生态文明建设融入经济建设、政治建设、文化建设、社会建设的各方面和全过程,建设美丽的祖国,努力开创社会主义生态文明新时代。

5. 课程思政教学目标

将保护环境这一基本国策融入微分方程的教学中,极具现实意义。有效保护环境事关人民群众的健康和经济的可持续发展。通过本案例的教学,让学生在了解实际环境问题的同时,应用数学方法加以解决,使学习更具有创新性和实用性。

6. 案例描述

水污染和水资源短缺是我国正在面临的重大问题,这需要我们能够用数学工具研究水污染问题。

首先,让学生积极思考案例中河水污染浓度的变化和湖水污染浓度的关系,分析问题并建立微分方程模型。

然后,积极引导学生求解微分方程,并应用所建模型对湖水污染问题做出分析,判断化

工厂是否在说谎。

最后,引导学生运用数学知识分析实际问题,获得相应的方法和经验,更好地体会微分方程的价值。

注意事项:

这个案例的计算比较复杂,可以提前布置,让学生预习。利用线上线下混合式教学,让学生在了解国家政策的同时,体会到应用数学知识解决实际问题的乐趣。

案例十三

长城精神：空间曲线一般式方程的启示

王梦婷

1. 案例主题

长城精神是中华民族聪明智慧、艰苦勤奋、坚忍刚毅和充满凝聚力的精神象征，体现了中国古代劳动人民的智慧和创造力。本案例通过对空间曲线一般式方程的讲解，增强学生的爱国情怀，使学生以身为一个伟大民族的子孙而骄傲自豪。

2. 案例资料

长城是我国古代劳动人民创造的伟大建筑奇迹，凝结着我们祖先的汗水和智慧，是中华民族的骄傲。人们无法想象，在几千年前没有大型机械的时代，我们的祖先是以什么样的毅力，克服了多少困难，经过多少年的努力，才将长城修建成功。长城蜿蜒在崇山峻岭之中，把抵御外敌的功能发挥到了极致，成为保护我国大好河山的万里屏障。长城象征着自立、自强、自信，长城精神体现了中华民族勤劳勇敢、吃苦耐劳、反侵略、爱和平的高贵品质，激励着一代又一代的中国人。

资料来源：

同济大学数学系，2014. 高等数学：下册 [M]. 7 版. 北京：高等教育出版社.
王璐，2019. 三代人的长城情缘 [N]. 呼和浩特晚报，05 - 31 (3).

3. 结合章节

本案例适用于《高等数学：下册》（第七版，同济大学数学系编，高等教育出版社，2014 年）第八章第六节"空间曲线及其方程"的教学。

4. 思政元素

长城恰是建立在曲面交线上的一条曲线，自东向西延绵数千里，是古代世界的建筑奇迹。我们的祖先在两千多年前，就创造了这样的奇迹，因而我们一定要有文化自信。文化自信是一个国家、一个民族、一个政党对自身文化价值的充分肯定，体现了其对自身文化生命力保持着坚定的信念。

5. 课程思政教学目标

通过本案例的教学，让学生感受到中国古代劳动人民的智慧和创造力，感受到中华民族的聪明智慧，以及艰苦勤奋、坚忍刚毅和充满凝聚力的精神，并将这种精神用在生活和学习中。

6. 案例描述

空间曲线的方程有两种形式，其中一种就是一般式方程：

$$\begin{cases} F(x,y,z)=0 \\ G(x,y,z)=0 \end{cases}$$

它简单直观地表示为一条空间曲线,即两个曲面的交线(图 1.3)。

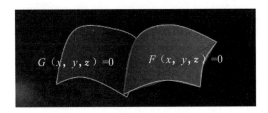

图 1.3　空间曲线的一般式方程展示

除此之外,现实生活中还有哪些空间曲线是用这种方法表示的?

长城是集人的精神和智慧于一体的典型代表。现代人虽无法经历长城的建设,但可以去攀越长城,体会长城建设的不易,感受长城的壮观,为长城精神而骄傲自豪。

案例十四

利用辩证的思想来看数学之美：隐函数求导公式

王 婷

1. 案例主题

隐函数求导公式可以针对含有多个变量的函数，分析变量之间的联系及变量之间的相对变化。将动静结合、统一性、普遍性等辩证的思想应用到隐函数求导公式中，可以体现数学的统一美和宏观美。

2. 案例资料

利用隐函数求导公式对一元隐函数求导时，会先把因变量看成一个整体，但因变量又蕴含着自变量，这体现了辩证的思想；对等式两边同时求导则体现了数学的宏观之美；将得到的求导公式应用到所有的一元隐函数求导中体现了数学的统一之美。同时，这一思想还可以推广到二元隐函数，我们不仅可以得到求解隐函数的统一公式，还从宏观上把握住了隐函数的求导思想。

隐函数存在定理 1：设函数 $F(x,y)$ 在点 (x_0,y_0) 的某一邻域内具有连续偏导数，且 $F(x_0,y_0)=0, F_y(x_0,y_0)\neq 0$，则方程 $F(x,y)=0$ 在点 (x_0,y_0) 的某一邻域内恒能唯一确定一个连续且具有连续导数的函数 $y=f(x)$，它满足条件：$y_0=f(x_0)$，并有

$$\frac{\mathrm{d}y}{\mathrm{d}x}=-\frac{F_x}{F_y}$$

隐函数存在定理 2：设函数 $F(x,y,z)$ 在点 (x_0,y_0,z_0) 的某一邻域内具有连续偏导数，且 $F(x_0,y_0,z_0)=0, F_z(x_0,y_0,z_0)\neq 0$，则方程 $F(x,y,z)=0$ 在点 (x_0,y_0,z_0) 的某一邻域内恒能唯一确定一个连续且具有连续导数的函数 $z=f(x,y)$，它满足条件：$z_0=f(x_0,y_0)$，并有

$$\frac{\mathrm{d}z}{\mathrm{d}x}=-\frac{F_x}{F_z}, \frac{\mathrm{d}z}{\mathrm{d}y}=-\frac{F_y}{F_z}$$

资料来源：

同济大学数学系，2014. 高等数学：下册[M]. 7 版. 北京：高等教育出版社.

王承富，2011. 把数学美与辩证思想融入高等数学教学[J]. 苏州市职业大学学报 (4): 57-59.

3. 结合章节

本案例适用于《高等数学：下册》（第七版，同济大学数学系编，高等教育出版社，2014 年）第九章第五节"隐函数的求导公式"的教学。

4. 思政元素

隐函数求导公式中蕴涵着一定的辩证思想，我们只有掌握了个体的变化规律才能进一步

掌握集体的变化规律。数学的高度抽象性、概括性和逻辑性使得数学无论是在训练人们的思维能力方面，还是在实际生活、科学研究中都有广泛应用。哲学和数学一样，都是比较抽象、高度概括的学科。如果我们掌握了两门学科间的关系，融会贯通，那么学习数学的附加价值就更大了。

5. 课程思政教学目标

像隐函数求导公式一样，很多数学内容都蕴含着一定的辩证思想。通过本案例的教学，引导学生看待事物时从多方面、多角度去考察，以动态的、辩证的思维来思考，让学生看到数学的美，向往数学，体会数学的价值，从而激发其学习数学的兴趣，提升学习效果。

6. 案例描述

首先，引导学生解决一元隐函数 $F(x,y)=0$ 的求导问题。函数 $y=f(x)$ 蕴涵在隐函数中。

其次，对方程 $F[x,f(x)]=0$ 两端同时关于 x 求导，可以推得一元隐函数的求导公式：

$$\frac{\mathrm{d}y}{\mathrm{d}x}=-\frac{F_x}{F_y}$$

上述公式，展现了辩证思想中的统一性，同时体现了数学的统一之美。

求导二元隐函数 $F(x,y,z)=0$ 时，可以将其看成 $z=f(x,y)$，对 $F[x,y,f(x,y)]=0$ 两端关于自变量 x,y 求偏导，可得公式

$$\frac{\mathrm{d}z}{\mathrm{d}x}=-\frac{F_x}{F_z},\frac{\mathrm{d}z}{\mathrm{d}y}=-\frac{F_y}{F_z}$$

最后，考虑方程组

$$\begin{cases} F(x,y,u,v)=0 \\ G(x,y,u,v)=0 \end{cases}$$

将 $u=u(x,y),v=v(x,y)$ 代入其中，按照单个方程的思想对每个方程两边同时求偏导，可以推得相应公式。通过以上方法，建立隐函数方程组，可以推出方程组的相应求偏导公式，体现了辩证思想中的统一性。

注意事项：对多元隐函数求高阶偏导数时，需要代入一阶偏导数的结果。

案例十五

以平代曲，学以致用：多元函数微分学的几何应用

林　芳

1. 案例主题

本案例通过介绍多元函数微分学的几何应用，引出几何应用在生产生活中所起的作用。让学生理解数学理论源于实践、服务实践，引导学生学以致用。

2. 案例资料

在实际问题中，有时会遇到全增量的问题。

设函数 $z=f(x,y)$ 在点 $p(x,y)$ 的某邻域内有定义，则 $\Delta z=f(x+\Delta x,y+\Delta y)-f(x,y)$ 的计算会比较复杂，我们希望用自变量的增量 $(\Delta x,\Delta y)$ 的线性函数来近似地代替函数的全增量。

资料来源：

同济大学数学系，2014. 高等数学：下册［M］. 7版. 北京：高等教育出版社.

3. 结合章节

本案例适用于《高等数学：下册》（第七版，同济大学数学系编，高等教育出版社，2014年）第九章第三节"全微分"和第六节"多元函数微分学的几何应用"的教学。

4. 思政元素

在生产生活中，数学的作用越来越重要，涉及人类发展进步的各个领域。达·芬奇说："科学是将领，实践是士兵。"学生只有学好数学这门基础课，将来才能更好地把数学知识运用到工作领域，发展社会经济，使我们的国家更加富强。

5. 课程思政教学目标

本案例体现了数学理论可以指导生产实践，可以使学生了解数学有"科学皇后"的美誉。例如，多元函数微分学的几何应用就适用于建筑学中的曲面装饰。当我们要给柱子表面贴瓷砖时，瓷砖是没有曲面的，我们可以用小的平面瓷砖去贴，平面瓷砖越小，贴出的效果越好，贴合程度越高，这就是微分的原理。

6. 案例描述

设曲面方程为

$$z=f(x,y)$$

$p_0(x_0,y_0,z_0)$ 为曲面上一点，此时的切平面方程为

$$f_x(x_0,y_0)(x-x_0)+f_y(x_0,y_0)(y-y_0)-(z-z_0)=0$$

或

$$z-z_0 = f_x(x_0,y_0)(x-x_0) + f_y(x_0,y_0)(y-y_0)$$

方程右端恰好是 $z=f(x,y)$ 在点 (x_0,y_0) 的全微分,而左端是切平面上点的竖坐标的增量。因此,$z=f(x,y)$ 在点 (x_0,y_0) 的全微分,在几何上即曲面 $z=f(x,y)$ 在点 (x_0,y_0,z_0) 处的切平面上点的竖坐标的增量。因此。在工程上我们可以近似地用平面代替曲面,点的邻域范围越小,这种逼近程度越高。

案例十六

放眼未来，路在当下：方向导数与梯度理论的启示

林 芳

1. 案例主题

本案例以剖析方向导数与梯度理论为切入点，以上山和下山为例，说明人生奋斗如爬山，激励学生珍惜当下，选择正确方向，勇往直前。

2. 案例资料

偏导数反映的是函数沿坐标轴方向的变化率。但许多时候只考虑函数沿坐标轴方向的变化率是不够的。例如，气象学中要确定云团沿哪个方向移动最快，雨最早落在哪里。因此我们有必要研究函数沿任意射线方向的变化率问题。这个问题研究的就是方向导数与梯度。

资料来源：

宋伟杰，刘婕，孙浩，等，2017. 基于生活体验的梯度概念教学设计[J]. 高等数学研究，20（2）：54-56.

同济大学数学系，2014. 高等数学：下册[M]. 7版. 北京：高等教育出版社.

3. 结合章节

本案例适用于《高等数学：下册》（第七版，同济大学数学系编，高等教育出版社，2014年）第九章第七节"方向导数与梯度"的教学。

4. 思政元素

函数在一点的梯度是个向量，它的方向是函数在这点的方向导数取得最大值的方向，它的模等于方向导数的最大值。歌德曾说过，每走一步都走向一个终于要达到的目标，这并不够，应该每一步都是一个目标，每一步都自有价值。

5. 课程思政教学目标

通过本案例的教学，引导学生重视当下的学习阶段，努力学好每门功课，做个有准备的人，为自己的未来铺好平坦大路。

6. 案例描述

讨论函数 $z=f(x,y)$ 在一点沿某一方向的变化率问题。

设 l 是 xOy 平面上以 $P_0(x_0,y_0)$ 为始点的一条射线，$e_l=(\cos\alpha,\cos\beta)$ 是与 l 同方向的单位向量。射线 l 的参数方程为

$$x = x_0 + t\cos\alpha, y = y_0 + t\cos\beta (t \geq 0)$$

设函数 $z=f(x,y)$ 在点 $P_0(x_0,y_0)$ 的某一邻域 $U(P_0)$ 内有定义，$P(x_0+t\cos\alpha, y_0+t\cos\beta)$ 为 l 上另一点，且 $P \in U(P_0)$。函数增量 $f(x_0+t\cos\alpha, y_0+t\cos\beta) - f(x_0,y_0)$ 与 P 到 P_0 的距离

$|PP_0|=t$ 的比值为

$$\frac{f(x_0+t\cos\alpha,y_0+t\cos\beta)-f(x_0,y_0)}{t}$$

当 P 沿着 l 趋于 P_0 ($t\to 0^+$) 的极限存在时，称此极限为函数 $f(x,y)$ 在点 P_0 沿方向 l 的方向导数，记作 $\left.\dfrac{\partial f}{\partial l}\right|_{(x_0,y_0)}$，即

$$\left.\frac{\partial f}{\partial l}\right|_{(x_0,y_0)} = \lim_{t\to 0^+}\frac{f(x_0+t\cos\alpha,y_0+t\cos\beta)-f(x_0,y_0)}{t}$$

由定义可推得，当 f 可微时，方向导数的计算公式为

$$\left.\frac{\partial f}{\partial l}\right|_{(x_0,y_0)} = f_x(x_0,y_0)\cos\alpha + f_y(x_0,y_0)\cos\beta$$

定义向量 $f_x(x_0,y_0)\boldsymbol{i}+f_y(x_0,y_0)\boldsymbol{j}$，并称之为函数 $f(x,y)$ 在点 $P_0(x_0,y_0)$ 的梯度，记作 $\text{grad } f(x_0,y_0)$，则

$$\begin{aligned}\left.\frac{\partial f}{\partial l}\right|_{(x_0,y_0)} &= f_x(x_0,y_0)\cos\alpha + f_y(x_0,y_0)\cos\beta \\ &= \text{grad } f(x_0,y_0)\cdot \boldsymbol{e}_l \\ &= |\text{grad } f(x_0,y_0)|\cdot\cos[\text{grad } f(x_0,y_0),\boldsymbol{e}_l]\end{aligned}$$

这一关系式表明了函数在一点的梯度与方向导数间的关系。

正如我们处在山上的某一点处，需要走到山下。我们想下山，道路并不是唯一的，而是可以沿任意方向移动的。理论上来说，这座山的表面可以通过一个函数来描述，而这个函数可以在不同的方向上都确定出一个方向导数，区别在于，有些方向可以让我们的下山速度更快，有些方向会让我们下山的速度更慢，有些方向甚至会错误地引导我们往山顶走（可以理解为下山速度为负）。在这里，速度的值就是对方向导数的直观理解。为什么会这样呢？可以用一句古诗来解释："不识庐山真面目，只缘身在此山中。"因为我们在山上的时候是不知道山的具体形状的，无法找到一条全局最优路线，所以我们只能关注脚下的路，将每一步走好，这就是梯度下降法的原理。

案例十七

领会数学思想，树立全局观念：曲顶柱体的体积和平面薄片的质量

燕列雅

1. 案例主题

通过讲解曲顶柱体的体积和平面薄片的质量的计算思路，引导学生领会数学思想，并将这些数学思想应用到日常生活中去，形成处理问题的"全局性"观念。

2. 案例资料

我们通过求解曲边梯形的面积及变速直线运动的路程，抽象出了定积分的概念，这一过程可以概括为：分割、取近似、求和、取极限。定积分是某种特定和式的极限，将这种解决问题的思想推广到定义在区域、曲线及曲面上的多元函数的情形，便有了重积分、曲线积分和曲面积分的概念。

类似于定积分，二重积分概念的引入，同样有两个经典的问题——曲顶柱体的体积及平面薄片的质量，即一个几何问题和一个物理问题。

问题 1 设有一立体，它的底是 xOy 面上的闭区域 D，侧面是以 D 的边界曲线为准线而母线平行于 z 轴的柱面，顶是曲面 $z=f(x,y)$，这里 $f(x,y) \geqslant 0$ 且在 D 上连续，这种立体称为曲顶柱体。现在要计算该曲顶柱体的体积 V。

分析：曲顶柱体的高 $f(x,y)$ 是变量，它的体积不能直接用体积公式来计算，因此考虑采用求曲边梯形面积的思想方法，即通过"分割、取近似、求和、取极限"来解决。

问题 2 设有一平面薄片占有 xOy 面上的闭区域 D，它在点 (x,y) 处的面密度为 $\rho(x,y)$，这里 $\rho(x,y) > 0$ 且在 D 上连续。现在要计算该平面薄片的质量 M。

分析：由于面密度 $\rho(x,y)$ 是变量，平面薄片的质量不能直接用质量公式来计算，故考虑用与问题 1 同样的思路来解决。

资料来源：

同济大学数学系，2014. 高等数学：下册 [M] . 7 版. 北京：高等教育出版社.

3. 结合章节

本案例适用于《高等数学：下册》（第七版，同济大学数学系编，高等教育出版社，2014 年）第十章第一节"二重积分的概念与性质"的教学。

4. 思政元素

在学习和生活中，我们会遇到各种各样的困难。曲顶柱体的体积和平面薄片的质量的计算思路，体现了近似与精确、局部与整体、离散与连续等对立统一的辩证唯物主义思想，这

对提高学生应对各种困难和挫折的能力有重要意义。

5. 课程思政教学目标

通过本案例的教学，强化学生处理问题的"全局性"观念，引导学生学会分解问题，将变化的事物或变化的过程转化为不变的事物或不变的过程，用"不变"的知识解决"变"的问题；引导学生体会"穷则变，变则通，通则久"的道理，学会将生活中遇到的问题分解处理；培养学生迎难而上，努力进取的顽强精神。

6. 案例描述

为什么提出曲顶柱体的体积问题？

关于立体的体积公式，我们已经知道的有长方体的体积、圆柱体的体积、锥体的体积、球体的体积、圆台的体积等。但是这些都是特殊立体，如果某个立体是由某些曲面围成的，而不是上述的特殊立体，其体积该怎么求呢？

对于非特殊立体的体积问题，可否用特殊立体的体积公式解决？显然不能直接用，由此我们可以想到分割的方法。

用平行于坐标面的平面将立体进行分割，这样立体就被分成了一些长方体和有一个面是曲面而其他面是平面的立体。长方体的体积有公式可用，但是有一个面是曲面的立体（曲顶柱体）的体积怎么求呢？

这时候我们又想到了求曲边梯形面积的思路。这就需要把曲顶柱体放在空间直角坐标系里研究。

提出问题：如图 1.4 所示，设曲顶柱体的底是 xOy 面上的闭区域 D，侧面是以 D 的边界曲线为准线而母线平行于 z 轴的柱面，它的顶是曲面 $z=f(x,y)$，这里 $f(x,y)\geqslant 0$ 且在 D 上连续。现在要求出该曲顶柱体的体积 V。

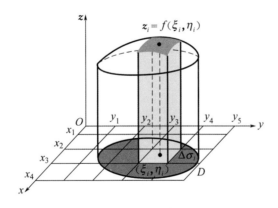

图 1.4　曲顶柱体

解决方案：由于曲顶柱体的高 $f(x,y)$ 是变量，它的体积不能直接用体积公式来计算，可利用求曲边梯形面积的思想方法。

具体方法如下所示。

① 分割：将区域 D 任意分成 n 个小区域 $\Delta\sigma_1,\Delta\sigma_2,\cdots,\Delta\sigma_n$。

② 取近似：在每个 $\Delta\sigma_i$ 上任取一点 (ξ_i,η_i)（见图 1.4），用小平顶柱体的体积近似小曲顶柱体的体积，即

$$\Delta V_i \approx f(\xi_i, \eta_i)\Delta\sigma_i \quad (i=,1,2,\cdots,n)$$

③ 求和：将上式累加，得曲顶柱体体积的近似值，即

$$V = \sum_{i=1}^{n}\Delta V_i \approx \sum_{i=1}^{n}f(\xi_i,\eta_i)\Delta\sigma_i$$

④ 取极限：用 λ_i 表示 $\Delta\sigma_i$ 的直径，令 $\lambda = \max\{\lambda_1, \lambda_2, \cdots, \lambda_n\}$，得曲顶柱体的体积，即

$$V = \lim_{\lambda\to 0}\sum_{i=1}^{n}f(\xi_i,\eta_i)\Delta\sigma_i$$

平面薄片质量的计算思路与曲顶柱体体积的计算思路是一样的，都是将"变"的问题通过"化整为零"的思想来解决。这启发我们，在生活中遇到复杂问题时，也可以在考虑全局的前提下，将其分割成小问题逐个解决，以达到解决复杂问题的目的。

案例十八

从实践中来，到实践中去：三重积分

燕列雅

1. 案例主题

三重积分概念的引入、计算及应用过程，体现了辩证唯物主义从感性认识到理性认识，再到实践中去的认识论观点，帮助学生体会"从实践中来，到实践中去"的认知规律。

2. 案例资料

定积分作为某种特定和式的极限，通过求解曲边梯形的面积及变速直线运动的路程抽象出来，这一过程可以概括为：分割、取近似、求和、取极限。

二重积分的概念，是通过曲顶柱体体积和平面薄片的质量这两个问题引入的。

三重积分的概念同样来源于实际问题，如占据空间区域 Ω 的非均匀物体的质量。

问题：设有一物体占据空间区域 Ω，它在点 (x, y, z) 处的密度为 $\rho(x, y, z)$，这里 $\rho(x, y, z) \geqslant 0$ 且 $\rho(x, y, z)$ 在 Ω 上连续，这个物体的质量 M 该如何计算呢？

分析：由于密度 $\rho(x, y, z)$ 是变量，物体的质量不能直接用质量公式来计算，故考虑通过"分割、取近似、求和、取极限"的思路，得出物体的质量。

由上述问题可以抽象出三重积分的概念。类似于二重积分，三重积分的计算也通过转化为定积分来进行。解决了三重积分的计算问题，就可以利用三重积分解决更多的实际问题。

资料来源：

同济大学数学系，2014. 高等数学：下册［M］. 7 版. 北京：高等教育出版社.

3. 结合章节

本案例适用于《高等数学：下册》（第七版，同济大学数学系编，高等教育出版社，2014 年）第十章第三节"三重积分"的教学。

4. 思政元素

本案例通过实际问题引入三重积分的概念，并借助定积分和二重积分解决三重积分的计算问题，再应用三重积分解决更多的实际问题。一方面，可以引导学生利用原有的知识结构去思考、领会新知识，进而获得新的知识技能；另一方面，本案例体现了辩证唯物主义从感性认识到理性认识，再到实践中去的认识论观点，引导学生体会"从实践中来，到实践中去"的认知规律，认识到实践是理论的归宿。

5. 课程思政教学目标

通过本案例的教学，引导学生进一步体会数学中蕴含的思想，引导学生形成善于思考、勇于实践、敢于创新的科学精神；使学生认识到新思想往往都源于实际问题，从而进一步理解认识源于实践、归于实践的思想。

6. 案例描述

(1) 问题的提出。

我们已经可以利用二重积分计算空间中立体的体积,所以如果有一个占据空间区域 Ω 的均匀物体,质量问题就可以解决了。但是,如果这个物体是非均匀的,就不能直接使用质量公式来计算。那么,物体的质量又该如何计算呢?为了便于讨论,我们把物体放在已经建立的空间直角坐标系中。

(2) 物体的质量。

设有一物体占有空间区域 Ω,它在点 (x, y, z) 处的密度为 $\rho(x, y, z)$,这里 $\rho(x, y, z) \geqslant 0$,且 $\rho(x, y, z)$ 在 Ω 上连续,现计算该物体的质量 M。

① 分割:将 Ω 分成 n 个小区域 $\Delta v_1, \Delta v_2, \cdots, \Delta v_n$,用 λ_i 表示 Δv_i 的直径,Δv_i 既代表第 i 个小区域又代表它的体积。

② 取近似:当 $\lambda = \max\limits_{1 \leqslant i \leqslant n} \{\lambda_i\}$ 很小时,由于 $\rho(x, y, z)$ 连续,每小块区域可近似看作均匀的,那么第 i 个小区域的质量 ΔM_i 为

$$\Delta M_i \approx \rho(\xi_i, \eta_i, \zeta_i) \Delta v_i, \quad \forall (\xi_i, \eta_i, \zeta_i) \in \Delta v_i$$

③ 求和:将上式累加,得物体质量的近似值

$$M \approx \sum_{i=1}^{n} \rho(\xi_i, \eta_i, \zeta_i) \Delta v_i$$

④ 取极限:用 λ_i 表示 Δv_i 的直径,令 $\lambda = \max\{\lambda_1, \lambda_2, \cdots, \lambda_n\}$,得物体的质量,即

$$M = \lim_{\lambda \to 0} \sum_{i=1}^{n} \rho(\xi_i, \eta_i, \zeta_i) \Delta v_i$$

抛开这类问题的实际背景,可以给出一个新的数学概念,即三重积分。

(3) 三重积分的计算方法。

思路:已有定积分和二重积分的计算方法,故可以考虑将三重积分转换为定积分和二重积分来计算。

(4) 三重积分的应用。

解决了三重积分的计算问题,也就解决了占据空间区域 Ω 的非均匀物体的质量问题。除此之外,利用三重积分,还可以计算空间物体的质心坐标、对坐标轴的转动惯量及对物体外一点的引力等。

通过三重积分概念的引入、计算及应用过程,引导学生领会"从实践中来,到实践中去"的认知规律。

案例十九

立足整体，统筹全局：元素法在三重积分中的应用

李顺波

1. 案例主题

运用类比迁移的策略，从定积分到二重积分再到三重积分，研究元素法在三重积分中的应用，启发学生运用元素法对积分学整体框架进行思考，形成完整的积分学理论，从而引导学生立足整体，统筹全局，选择最佳方案，实现整体的最优目标。

2. 案例资料

在微积分中，既有有限与无限的类比，又有连续与离散的类比，还有从低维到高维的类比。从定积分到二重积分再到三重积分的推导，同样遵循着从特殊到一般的规律，而由定义结构的类似性又可以类比推出二重积分的性质，进而可推出类似的三重积分的定义和性质。从三重积分的计算公式的推导过程来看，三重积分计算公式的建立无疑是受到了二重积分的计算公式直观解释的启发。

积分的元素法是积分概念的典型表示，既简洁，又实用，可有效地解决一些积分问题。计算三重积分即要将它化为三次积分，其基本方法有直角坐标法、柱面坐标法与球面坐标法。这三种坐标法在特定区域中各有优势。柱面坐标法是一种特殊的直角坐标投影法，可以使积分计算可行且运算简捷。

资料来源：

波耶，1977. 微积分概念史：对导数与积分的历史性的评论 [M]. 上海：上海人民出版社.

付夕联，吕成军，卢刚夫，2019. 数学文化观念下微积分教学策略研究 [J]. 洛阳理工学院学报（社会科学版），34（2）：88-93.

3. 结合章节

本案例适用于《高等数学：下册》（第七版，同济大学数学系编，高等教育出版社，2014年）第十章第三节"三重积分"的教学。

4. 思政元素

学习元素法可以让学生了解"立足整体，统筹全局"的观念，使学生明白整体与部分的辩证关系，树立全局观念，选择最佳方案，实现整体的最优目标，从而达到整体功能大于部分功能之和的理想效果。

5. 课程思政教学目标

运用元素法的思想，计算三重积分，从而帮助学生树立"立足整体，统筹全局"的观念。

6. 案例描述

元素法又称微元法。是分析和解决数学问题、物理问题的常用方法，也是从部分到整体的思维方法，可将积分定义的"四步"法简单化，转换为求解空间微小闭区域的体积元素 dv。

（1）利用柱面坐标计算三重积分。

用三组坐标面 $r=$ 常数，$\theta=$ 常数，$z=$ 常数，将空间有界闭区域 Ω 分割成许多小闭区域，除了含空间有界闭区域 Ω 的边界点的一些不规则小闭区域，这种小闭区域大多是柱体，如图 1.5 所示。

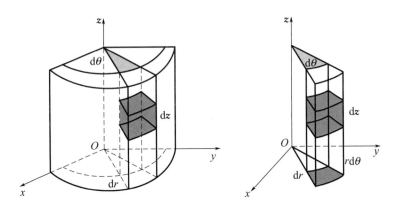

图 1.5 利用柱面坐标计算三重积分

考察由 dr，$d\theta$，dz 组成的柱体，在不计高阶无穷小时，该柱体底面积为 $rdrd\theta$，高为 dz，其体积元素为 $dv=rdrd\theta dz$，则三重积分的变量从直角坐标变换为柱面坐标的公式为

$$\iiint\limits_{\Omega} f(x,y,z)dv = \iiint\limits_{\Omega} f(r\cos\theta,r\sin\theta,z)rdrd\theta dz$$

（2）转动惯量。

设 $Oxyz$ 空间上有 n 个质点，它们分别位于点 (x_1, y_1, z_1)，(x_2, y_2, z_2)，…，(x_n, y_n, z_n) 处，质量分别为 $m_1, m_2, \cdots, m_n$，由力学知识可知，该质点系对于 x 轴的转动惯量为 $I_x = \sum_{i=1}^{n}(y_i^2 + z_i^2)m_i$。

应用元素法，设物体占有空间有界闭区域 Ω，有连续密度函数 $\rho(x, y, z)$，在 Ω 上任取一个直径很小的闭区域 dv（小闭区域的体积也记作 dv），(x, y, z) 是该闭区域的一个点，其质量近似为 $\rho(x, y, z)dv$，这部分质量可近似看作集中在点 (x, y, z) 上，则物体对于 x 轴的转动惯量元素为 $dI_x=(y^2+z^2)\rho(x,y,z)dv$。

以元素为被积表达式，在闭区域 Ω 上积分得物体对于 x 轴的转动惯量为

$$I_x = \iiint\limits_{\Omega} dI_x = \iiint\limits_{\Omega}(y^2+z^2)\rho(x,y,z)dv$$

通过此案例的教学，让学生明白，必须重视部分的作用，搞好局部，用局部的发展推动整体发展。

案例二十

透过现象看本质：格林公式

李顺波

1. 案例主题

从表面上看，格林公式建立了曲线积分与二重积分的一个关系，但实际上格林公式也给我们提供了一种把边界和内部联系起来的方式，由此引出要透过现象看本质的思想。

2. 案例资料

在一元微积分中，有一个非常重要的牛顿-莱布尼茨公式，它被称为微积分的基本公式。而格林公式则在多元微积分的教学内容体系中处于承上启下、承前启后的地位。同时，格林公式在实际中还有着非常广泛的应用。

格林公式的发现源于计算单位时间内流过平面上一个闭的、无重点的光滑曲线的流体体积这一物理问题，是场论重要的理论基础，在几何上也有广泛的应用。格林公式与牛顿-莱布尼茨公式、高斯公式、斯托克斯公式虽然形式不相同，但本质相同，它们揭示的都是积分范围内部和边界之间的联系。格林公式为曲线积分进一步的理论研究和实际应用打开了广阔的前景。

牛顿-莱布尼茨公式揭示了闭区域上一元函数定积分与原函数在区间端点的数值之间的关系；格林公式表达了平面闭区域上的曲线积分与所围成区域的二重积分之间的关系。利用格林公式计算第二型曲线积分的确避免了参数方程法面临的困难（即分段处理积分曲线及参数方程带来的被积函数过于复杂的情形），可以说为第二型曲线积分的计算开辟了新的途径。与此同时，格林公式成功地在第二型曲线积分和二重积分这两个看似无关的积分之间架起了一座桥梁，是从一维的牛顿-莱布尼茨公式到高维的高斯公式及斯托克斯公式过渡过程中至关重要的一步。

资料来源：

付芳芳，姚晓闺，李苗苗，等，2020. 格林公式的教学探究 [J]. 高等数学研究，23 (2)：56-58.

龚昇，2004. 微积分五讲 [M]. 北京：科学出版社.

厚宇德，2006，乔治·格林及格林函数法 [J]. 大学物理，25 (3)：46-50.

3. 结合章节

本案例适用于《高等数学：下册》（第七版，同济大学数学系编，高等教育出版社，2014年）第十一章第三节"格林公式及其应用"的教学。

4. 思政元素

格林公式是关于二重积分与曲线积分关系的一个等式，但实际上格林公式也给我们提供了一种把曲线积分转换为二重积分的计算办法。"透过现象看本质"的哲学思想在这部分体现得淋漓尽致。

5. 课程思政教学目标

牛顿-莱布尼茨公式告诉我们，被积函数在闭区间 $[a,b]$ 上的定积分，可以通过它的原函数在这个区间端点上的值来表达。类似地，格林公式告诉我们，在平面闭区域 D 上的二重积分，可以通过其边界曲线 L 上的曲线积分来表达，即边界可以用内部来刻画，体现了"透过现象看本质"的哲学思想。

本案例可以启示学生透过生活中的种种表象，认识其本质，这能够令学生更清晰、明智地认识表象和本质之间的联系。

6. 案例描述

设平面闭区域 D 由分段光滑的曲线 L 围成，函数 $P(x,y)$ 及 $Q(x,y)$ 在 D 上具有一阶连续偏导数，则有

$$\iint_D \left(\frac{\partial Q}{\partial x} - \frac{\partial P}{\partial y}\right) dx dy = \oint_L P dx + Q dy$$

其中，L 是 D 的取正向的边界曲线，此公式称为格林公式。

格林公式是高等数学中的一个重要公式，也是牛顿-莱布尼茨公式在平面区域上的推广。首先，把格林公式左右两边分别拆开成两部分的和，证明其对应分别相等，要考虑如下三种情况：闭区域 D 既是 X 型又是 Y 型、是一般单连通区域、是复连通区域。其次，注意格林公式满足的三个条件及从数形结合上揭示的哲学思想——透过现象看本质。最后，对不满足条件的情况，可以将坐标的曲线积分，通过巧妙添加或"挖洞"转换为格林公式来求解。总之，坐标的曲线积分虽然不能直接用对称性计算，但是可以利用格林公式简便、快速地计算。

案例二十一

了解历史，爱国自信：常数项级数的概念

孙 燕 王 艳

1. 案例主题

通过介绍《九章算术》中的"阳马术"问题，引出常数项级数的概念，让学生了解中国古代数学家的卓越成就，增强爱国意识和民族自信心、自豪感，焕发学习内动力，坚定为中华民族的伟大复兴学好数学的信心。

2. 案例资料

2.1 引出问题

《九章算术》中记载了这样一个问题："今有阳马，广五尺，袤七尺，高八尺。问：积几何。答曰：九十三尺少半尺。术曰：广袤相乘，以高乘之，三而一。"

这反映了两个重要思想，其一是我们现在所讲的极限思想；其二是数学理论体系的思想，刘徽注释《九章算术》的宗旨就是"析理以辞，解体用图"。"析理"就是当时学者们互相辩难的代名词。刘徽通过析数学之理，建立了中国传统数学的理论体系。众所周知，古希腊数学取得了非常高的成就，建立了严密的演绎体系。然而，刘徽的"阳马术"和"割圆术"却在人类历史上首次将极限和无穷小分割引入数学证明，成为人类文明史中不朽的篇章。

2.2 常数项级数的概念

一般地，如果给定一个数列

$$u_1, u_2, u_3, \cdots, u_n, \cdots$$

则由该数列构成的表达式叫作常数项无穷级数，简称常数项级数，记为 $\sum\limits_{i=1}^{\infty} u_n$，即

$$\sum_{i=1}^{\infty} u_n = u_1 + u_2 + u_3 + \cdots + u_n + \cdots$$

其中，第 n 项 u_n 叫作常数项级数的一般项。

资料来源：

同济大学数学系，2014. 高等数学：下册 [M]. 7 版. 北京：高等教育出版社.

3. 结合章节

本案例适用于《高等数学：下册》（第七版，同济大学数学系编，高等教育出版社，2014 年）第十二章第一节"常数项级数的概念和性质"的教学。

4. 思政元素

坚定民族自信。"阳马术"是中国古代数学成就的典型案例，其出现比级数概念早了一

千多年。我们在为此自豪的同时，也应坚信，中华民族在我们这一代的努力下，一定会实现伟大复兴。

树立为科学奋斗的目标。数学难题的解决，需要研究者的深入思考、不断努力。当代青年人需珍惜韶华，明确奋斗目标，积极探索未知世界，为民族发展做出贡献。

5. 课程思政教学目标

通过讲述"阳马术"思想，结合中国数学发展背景和世界数学发展状况，丰富学生对中国古代数学取得的卓越成就的认识，坚定学生的民族自信，坚定学生爱国图强的决心。

6. 案例描述

《九章算术》提出了求阳马体积的问题，向学生提出问题，用研究式教学法，启发学生找到解决问题的思路和方法。

介绍"阳马术"中反映的级数概念，以及"阳马术"这种利用级数求和来解决目标问题的方法，引导学生了解中国古代数学成就，坚定学生的民族自豪感和自信心。同时，介绍"阳马术""割圆术"在后续各类数学问题求解中的拓展，引出近代数学中的常数项级数。

讲述常数项级数的概念，进而引出级数和的存在性问题，引导学生思考研究该问题的方法。

在引导学生层层深入思考和不断发问的过程中，激发学生研究问题的热情和兴趣，回顾中国古代数学家在级数求和及应用中的伟大成就，鼓励当代学生立志探索未知世界，在新时代良好的学习和工作条件下，努力解决新的科学问题。

案例二十二

抓主要矛盾，精益求精：幂级数展开思想的深远影响

王　艳　孙　燕

1. 案例主题

本案例由函数的幂级数展开谈起，剖析问题并延伸到应用领域，揭示幂级数展开思想的重要哲学意义，激励学生不断探索、勇于创新。

2. 案例资料

2.1　辩证唯物主义关于矛盾的思想

任何过程如果有多个矛盾存在的话，其中必定有一个是主要矛盾，起领导、决定的作用，其他矛盾则起次要和服从的作用。因此，在研究时，如果遇到存在多个矛盾的复杂过程，就要用全力去找出它的主要矛盾。抓住了这个主要矛盾，一切问题就迎刃而解了。

2.2　幂级数的展开

从给定的函数项级数出发，可以求其和函数，这个问题的反问题是：对于给定的函数 $f(x)$，能否找到一个函数项级数 $\sum_{n=0}^{\infty} u_n(x)$，使得在某区间上恒有 $f(x) = \sum_{n=0}^{\infty} u_n(x)$，或者说使得 $\sum_{n=0}^{\infty} u_n(x)$ 收敛于已知函数 $f(x)$，即能否将一个函数表示成一个无穷级数的形式。这意味着我们不仅可用一个级数的部分和来近似表达这个函数，还可以控制其近似的程度。

考虑到幂级数表达形式简单，其部分和为多项式，最易计算，收敛域简洁，还具有良好的运算与分析性质，我们希望能用幂级数来表示一个函数：$f(x) = \sum_{n=0}^{\infty} a_n (x-x_0)^n$，这样就可以用多项式去无限逼近函数 $f(x)$，从而较好地解决近似计算问题。

资料来源：

毛泽东，1952. 矛盾论 [M]. 北京：人民出版社.

同济大学数学系，2014. 高等数学：下册 [M]. 7版. 北京：高等教育出版社.

3. 结合章节

本案例适用于《高等数学：下册》（第七版，同济大学数学系编，高等教育出版社，2014年）第十二章第四节"函数展开成幂级数"的教学。

4. 思政元素

引导学生在思考问题时，运用辩证唯物主义思想，抓主要矛盾，抓矛盾的主要方面。让学生明白，在学习、研究问题的过程中，要锲而不舍、精益求精，最终才能获得重要成果。

5. 课程思政教学目标

通过本案例的教学，探索幂级数展开的过程，激发学生勇于理论创新的精神。通过泰勒公式的应用，让学生进一步体会抓主要矛盾在解决问题时的重要意义。

6. 案例描述

首先向学生提出级数求和问题的反问题：如何把一个函数写成幂级数的和；接着通过回顾函数微分和泰勒公式，引出函数展开成幂级数的直接展开法；进而进行该问题的思想分析。

对给定函数 $f(x)$，若存在幂级数 $\sum_{n=0}^{\infty} a_n (x-x_0)^n$ 在区间 (x_0-R, x_0+R) 内收敛，使得和函数恰为 $f(x)$，即

$$f(x) = \sum_{n=0}^{\infty} a_n (x-x_0)^n, x \in (x_0-R, x_0+R)$$

则称函数 $f(x)$ 在区间 (x_0-R, x_0+R) 内能展开成 $x=x_0$ 的幂级数。

有了这个新概念，我们有三个疑问：① 存在性，即函数满足什么条件就可以表示成一个幂级数？② 唯一性，即系数 a_n 唯一吗？③ 如何求这个幂级数？

我们知道幂级数在收敛区间内有任意阶导数，由此很容易得出：函数 $f(x)$ 可展开成幂级数 $\sum_{n=0}^{\infty} a_n (x-x_0)^n$ 的必要条件是 $f(x)$ 在区间 (x_0-R, x_0+R) 内有任意阶导数。

这个结论仅是函数 $f(x)$ 可展开成幂级数 $\sum_{n=0}^{\infty} a_n (x-x_0)^n$ 的必要条件。我们希望有一个可展开的等价条件。

幂级数的前有限项是多项式，由此可联想到泰勒公式：若 $f(x)$ 在点 x_0 的某邻域内具有直到 $n+1$ 阶的导数，则

$$f(x) = f(x_0) + f'(x_0)(x-x_0) + \frac{f''(x_0)}{2!}(x-x_0)^2 + \cdots + \frac{f^{(n)}(x_0)}{n!}(x-x_0)^n + R_n(x)$$

成立，其中余项的拉格朗日形式为

$$R_n(x) = \frac{f^{(n+1)}(\xi)}{(n+1)!}(x-x_0)^{n+1} (\xi 介于 x 与 x_0 之间)$$

即在区间 (x_0-R, x_0+R) 内，函数 $f(x)$ 可用其 n 阶泰勒多项式

$$f(x_0) + f'(x_0)(x-x_0) + \frac{f''(x_0)}{2!}(x-x_0)^2 + \cdots + \frac{f^{(n)}(x_0)}{n!}(x-x_0)^n$$

近似表示，且误差为

$$|R_n(x)| = \frac{|f^{(n+1)}(\xi)|}{(n+1)!} |x-x_0|^{n+1}$$

我们加强条件至"函数 $f(x)$ 在 (x_0-R, x_0+R) 内有任意阶导数"，则泰勒多项式的项数就可以无限增加，从而形成一个幂级数

$$f(x_0) + f'(x_0)(x-x_0) + \frac{f''(x_0)}{2!}(x-x_0)^2 + \cdots + \frac{f^{(n)}(x_0)}{n!}(x-x_0)^n + \cdots$$

即函数 $f(x)$ 在点 x_0 处的泰勒幂级数，简称泰勒级数。

特别地，当 $x_0=0$ 时，对应于函数 $f(x)$ 的麦克劳林公式，我们就有函数 $f(x)$ 的麦克劳

林级数

$$f(0) + f'(0)x + \frac{f''(0)}{2!}x^2 + \cdots + \frac{f^{(n)}(0)}{n!}x^n + \cdots$$

只要 $f(x)$ 在 x_0 附近具有任意阶导数，就可以相应写出一个幂级数——泰勒级数，但不能想当然地认为函数 $f(x)$ 可以展开成幂级数，或说等式

$$f(x) = \sum_{n=0}^{\infty} \frac{f^{(n)}(x_0)}{n!}(x-x_0)^n$$

自然成立了，即 $f(x)$ 在 x_0 附近具有任意阶导数，只能推出它的泰勒级数存在，不能推出 $f(x)$ 等于其泰勒级数。

问题是，利用 $f(x)$ 各阶导数所构成的泰勒级数是否收敛于函数 $f(x)$，也就是说，在区间 (x_0-R, x_0+R) 内函数 $f(x)$ 能否展开成它的泰勒级数？

事实上，可以证明，设函数 $f(x)$ 在区间 (x_0-R, x_0+R) 内有任意阶导数，则在该区间内 $f(x)$ 能展开成泰勒级数当且仅当泰勒公式中的余项满足 $\lim\limits_{n\to\infty}R_n(x)=0, x\in(x_0-R, x_0+R)$。

至此，存在性问题已解决，还有唯一性问题没解决，进而发问：除了泰勒级数，$f(x)$ 还有其他形式的幂级数吗？该问题的答案可由以下结论给出（唯一性）：

若函数 $f(x)$ 在区间 (x_0-R, x_0+R) 内能展开成 $x-x_0$ 的幂级数，即

$$f(x) = \sum_{n=0}^{\infty} a_n (x-x_0)^n$$

则必有 $a_n = \frac{f^{(n)}(x_0)}{n!}(x-x_0)^n$，即此幂级数必为其泰勒级数。

工欲善其事，必先利其器，泰勒公式就是数学家的"器"。泰勒公式让我们看到了函数的内部结构。我们对泰勒级数可以进行如下理解。

我们将事情的结果、现状、直接原因、间接原因、时间等用如下函数对应

$$f(x) = f(x_0) + f'(x_0)(x-x_0) + \frac{f''(x_0)}{2!}(x-x_0)^2 + \cdots + \frac{f^{(n)}(x_0)}{n!}(x-x_0)^n + \cdots$$

↑　　↑　　　↑　　　　↑　　　　↑　　　　　…
结果　现状　直接原因×时间　间接原因×时间²

从这个角度看，泰勒级数给出了事情的结果和其产生的原因之间的数学模型，进而解释了解决问题要抓主要矛盾的哲学道理和科学思想。

上述关于函数幂级数展开问题的剖析，事实上只是一个教科书式的压缩版本。在数学史上，这段理论的诞生经过了比较漫长的过程，也是一个艰辛而生动的过程，是一个伟大的科研创新过程。本案例通过对这个过程的介绍，激励学生勇于科研创新，深入探索问题的本质，进而获得有意义的成果。

另外泰勒级数在很多领域得到了广泛应用。例如，在人工神经网络的性能曲面与最优点的分析中，使用泰勒级数对性能函数进行近似，用其近似数列代替所给函数进行分析。这体现了泰勒级数的重要价值。

第二篇
"线性代数"课程思政教学案例

案例一

打破思维定式：矩阵乘法

张晓燕

1. 案例主题

矩阵运算是线性代数的一个重要内容，也是解决众多问题的有力工具。矩阵乘法运算是矩阵运算的重要部分，可以简化线性变换与线性方程组的表述，化繁为简。在矩阵乘法运算中，一定要破除在数量乘法运算中形成的思维定式，遵循矩阵相关的运算法则，引导学生养成严谨治学的态度。

2. 案例资料

矩阵乘法定义如下：设矩阵 $A=(a_{ij})_{m\times s}$，$B=(b_{ij})_{s\times n}$，如果矩阵 C 的元素规定为

$$c_{ij} = a_{i1}b_{1j} + a_{i2}b_{2j} + \cdots + a_{is}b_{sj} = \sum_{k=1}^{s} a_{ik}b_{kj}$$

$$(i=1,2,\cdots,m; j=1,2,\cdots,n)$$

则称矩阵 C 为矩阵 A 与矩阵 B 的乘积，记为 $C=AB$。

为了能够更清楚地理解矩阵乘法的定义，我们给出如下例子。

设 A_1，A_2，$\cdots$，A_m 是 m 个车间，共生产 s 种零件 B_1，B_2，$\cdots$，B_s，记 A_i 车间生产 B_j 零件的年产量为 a_{ij}，$i=1,2,\cdots,m$；$j=1,2,\cdots,s$。于是，对照每个车间各零件年产量的统计表（表 2-1），便得到相应的年产量矩阵 A，如下所示。

表 2-1 统计表

	B_1	B_2	$\cdots$	B_j	$\cdots$	B_s
A_1	a_{11}	a_{12}	$\cdots$	a_{1j}	$\cdots$	a_{1s}
A_2	a_{21}	a_{22}	$\cdots$	a_{2j}	$\cdots$	a_{2s}
$\vdots$	$\vdots$	$\vdots$	$\vdots$	$\vdots$	$\vdots$	$\vdots$
A_i	a_{i1}	a_{i2}	$\cdots$	a_{ij}	$\cdots$	a_{is}
$\vdots$	$\vdots$	$\vdots$	$\vdots$	$\vdots$	$\vdots$	$\vdots$
A_m	a_{m1}	a_{m2}	$\cdots$	a_{mj}	$\cdots$	a_{ms}

年产量矩阵

$$A = \begin{bmatrix} a_{11} & a_{12} & \cdots & a_{1j} & \cdots & a_{1s} \\ a_{21} & a_{22} & \cdots & a_{2j} & \cdots & a_{2s} \\ \vdots & \vdots & & \vdots & & \vdots \\ a_{i1} & a_{i2} & \cdots & a_{ij} & \cdots & a_{is} \\ \vdots & \vdots & & \vdots & & \vdots \\ a_{m1} & a_{m2} & \cdots & a_{mj} & \cdots & a_{ms} \end{bmatrix}$$

为了看出矩阵乘法的实际意义,还应给出与各种零件所需原材料对应的矩阵。

设零件 B_1,B_2,$\cdots$,B_s 皆需 n 种原材料 C_1,C_2,$\cdots$,C_n,而生产一件 B_k 所需原材料 C_j 的数量为 b_{kj},于是,统计得到各零件每件所需的原材料数量表(表 2-2),从而得到单个零件所需原材料矩阵 B,如下所示。

表 2-2　原材料数量表

	C_1	C_2	$\cdots$	C_j	$\cdots$	C_n
B_1	b_{11}	b_{12}	$\cdots$	b_{1j}	$\cdots$	b_{1n}
B_2	b_{21}	b_{22}	$\cdots$	b_{2j}	$\cdots$	b_{2n}
$\vdots$	$\vdots$	$\vdots$	$\vdots$	$\vdots$	$\vdots$	$\vdots$
B_k	b_{k1}	b_{k2}	$\cdots$	b_{kj}	$\cdots$	k_{kn}
$\vdots$	$\vdots$	$\vdots$	$\vdots$	$\vdots$	$\vdots$	$\vdots$
B_s	b_{s1}	b_{s2}	$\cdots$	b_{sj}	$\cdots$	b_{sn}

单个零件所需原材料矩阵

$$B = \begin{bmatrix} b_{11} & b_{12} & \cdots & b_{1j} & \cdots & b_{1n} \\ b_{21} & b_{22} & \cdots & b_{2j} & \cdots & b_{2n} \\ \vdots & \vdots & \vdots & \vdots & \vdots & \vdots \\ b_{k1} & b_{k2} & \cdots & b_{kj} & \cdots & b_{kn} \\ \vdots & \vdots & \vdots & \vdots & \vdots & \vdots \\ b_{s1} & b_{s2} & \cdots & b_{sj} & \cdots & b_{sn} \end{bmatrix}$$

显然,知道各车间各零件的年产量 A 和单个零件所需的各种原材料数量 B,则各车间一年所需的总原材料数量 C 也就可以随之确定。

现在的问题是:如何从已知的矩阵 A、B,计算得到矩阵 C?

计算矩阵 C,实际上就是计算各个 c_{ij}($i=1,2,\cdots,m$;$j=1,2,\cdots,n$)。为了弄清楚数据关系,现将与 c_{ij} 有关的两组数据列表,如表 2-3 所示。

表 2-3　各零件年产量和单个零件所需原材料数量

类型	B_1	B_2	$\cdots$	B_k	$\cdots$	B_s	说明
A_i 车间各零件年产量	a_{i1}	a_{i2}	$\cdots$	a_{ik}	$\cdots$	a_{is}	A 的第 i 行
单个零件所需原材料 c_j 的数量	b_{1j}	b_{2j}	$\cdots$	b_{kj}	$\cdots$	b_{sj}	B 的第 j 列

对每个车间来说,一年所需的某种原材料数量=Σ 单个零件年产量×该零件所需某种原材料数量,故有

$$c_{ij} = a_{i1}b_{1j} + a_{i2}b_{2j} + \cdots + a_{ik}b_{kj} + \cdots + a_{is}b_{sj} = \sum_{k=1}^{s} a_{ik}b_{kj}$$

这种"行乘列"的规则,可以简明地表示为

$$[a_{i1} \quad a_{i2} \quad \cdots \quad a_{ik} \quad \cdots \quad a_{in}] \begin{bmatrix} b_{1j} \\ b_{2j} \\ \vdots \\ b_{kj} \\ \vdots \\ b_{nj} \end{bmatrix} = c_{ij}$$

可得到矩阵乘法运算规则：

$$C = A \times B$$

这正与前面计算每个车间一年所需某种原材料数量而用到的公式：

一年所需的某种原材料数量＝Σ 单个零件年产量×该零件所需某种原材料数量

是一致的，同时也体现出数学中的和谐之美。

该案例可以使学生更深入地理解矩阵乘法的概念，同时能使学生意识到线性代数知识在实际应用中的重要性。

资料来源：

蔡磊，2019. 浅谈矩阵乘法的应用 [J]. 科教导刊（电子版）（28）：190.

蒲和平，李厚彪，2018. 对矩阵乘法定义的教学探讨 [J]. 高等数学研究，21（1）：65-67.

邓明香，2015. 浅议矩阵乘法的应用 [J]. 大学教育（2）：84-86.

赵冠华，刘洁，2002. 矩阵乘法的一个应用 [J]. 邯郸师专学报（3）：7-10.

3. 结合章节

本案例适用于《工科线性代数》（第 2 版，崔荣泉、杨泮池、王艳等编，西安交通大学出版社，2017 年）第 1 章第 1.1 节"矩阵概念"的教学。

4. 思政元素

对矩阵乘法的学习，有助于打破思维定式，建立新的思维方式；不仅能使学生获得新的数学知识，而且还能通过对理论的学习使学生具备分析各类应用问题的能力。

5. 课程思政教学目标

通过本案例的教学，让学生掌握矩阵乘法这种特定的运算规则，提高学生透过现象看本质的能力，激发学生的学习兴趣与探索欲望；提高学生的发散性思维能力，启发学生灵活应用相关知识；培养学生形成严谨的学习态度，开阔学生的思维方式。

6. 案例描述

教师在讲解矩阵乘法的过程中，通过对实际问题的分析与描述，帮助学生克服接受新事物的思想障碍，打破思维定式。要引导学生多思考，建立持续发展的思维方式，避免不良的思维固化问题。

案例二

透过现象看本质：线性变换的应用

张晓燕　陈清江

1. 案例主题

线性变换是线性代数的研究对象之一，在许多领域都发挥着重要作用。通过本案例的教学，使学生理解线性变换的本质，形成敏锐的观察力和透过现象看本质的能力。

2. 案例资料

如果线性映射是从向量空间到自身的映射，则称其为线性变换。线性变换是线性空间的核心内容，反映的是线性空间中元素间的一种基本联系，体现出一种动态的或者直观的视角。

借助线性空间中基的概念，可以在线性变换和矩阵之间建立一一对应关系，因此"变换即矩阵"。这就意味着线性变换的运算可以转换为矩阵的运算。

在实际应用中，多个标量可表示为向量与矩阵，运用矩阵乘法反复迭代，可预测若干年后某地区务工人口发展趋势。举例如下。

假设某地区共有 80 万人从事农业、工业、商业这三个行业的工作，假定总人数在若干年内保持不变。社会调查表明：在这 80 万从业人口中，约有 50 万人从事农业工作，20 万人从事工业工作，10 万人从事商业工作。

（1）在从事农业工作的人员中，每年约有 0% 的人改为从事商业工作，20% 的人改为从事工业工作。

（2）在从事工业工作的人员中，每年约有 10% 的人改为从事农业工作，30% 的人改为从事商业工作。

（3）在从事商业工作中人员中，每年约有 10% 的人改为从事农业工作，20% 的人改为从事工业工作。

现在预测一年及两年后从事农业、工业及商业工作的人数，以及经过多年之后，从事各行业工作的人数的发展趋势。

若用三维向量 $(x_i, y_i, z_i)^T$ 表示第 i 年后农业、工业、商业这三个行业的从业人口总数，则已知 $(x_0, y_0, z_0)^T = (50, 20, 10)^T$。现在想知道这三个行业第一年的从业人口总数 $(x_1, y_1, z_1)^T$，以及第二年的从业人口总数 $(x_2, y_2, z_2)^T$，并考察在 $n \to \infty$ 时这三个行业的从业人口总数 $(x_n, y_n, z_n)^T$ 的发展趋势。

依题意，一年后，农业、工业、商业三个行业的从业人口总数应为

$$\begin{cases} x_1 = 0.8x_0 + 0.1y_0 + 0.1z_0 \\ y_1 = 0.2x_0 + 0.6y_0 + 0.2z_0 \\ z_1 = 0x_0 + 0.3y_0 + 0.7z_0 \end{cases}$$

即
$$\begin{pmatrix} x_1 \\ y_1 \\ z_1 \end{pmatrix} = \begin{pmatrix} 0.8 & 0.1 & 0.1 \\ 0.2 & 0.6 & 0.2 \\ 0 & 0.3 & 0.7 \end{pmatrix} \begin{pmatrix} x_0 \\ y_0 \\ z_0 \end{pmatrix} = \boldsymbol{A} \begin{pmatrix} x_0 \\ y_0 \\ z_0 \end{pmatrix}$$

将 $(x_0, y_0, z_0)^T = (50, 20, 10)^T$ 代入上式，得

$$\begin{pmatrix} x_1 \\ y_1 \\ z_1 \end{pmatrix} = \begin{pmatrix} 43 \\ 24 \\ 13 \end{pmatrix}$$

即一年后这三个行业的从业人员的人数分别为 43 万、24 万、13 万。

$$\begin{pmatrix} x_2 \\ y_2 \\ z_2 \end{pmatrix} = \boldsymbol{A} \begin{pmatrix} x_1 \\ y_1 \\ z_1 \end{pmatrix} = \boldsymbol{A}^2 \begin{pmatrix} x_0 \\ y_0 \\ z_0 \end{pmatrix} = \begin{pmatrix} 38.1 \\ 25.6 \\ 16.3 \end{pmatrix}$$

同理，两年后这三个行业的从业人员的人数分别为 38.1 万、25.6 万、16.3 万。进而经过若干次迭代，可推得

$$\begin{pmatrix} x_n \\ y_n \\ z_n \end{pmatrix} = \boldsymbol{A} \begin{pmatrix} x_{n-1} \\ y_{n-1} \\ z_{n-1} \end{pmatrix} = \boldsymbol{A}^n \begin{pmatrix} x_0 \\ y_0 \\ z_0 \end{pmatrix}$$

即 n 年之后各行业从业人员的人数完全由 $\boldsymbol{A}^n$ 决定。

资料来源：

程铭基，王志栋，1996. 流动人口客流预测的矩阵方法 [J]．大连铁道学院学报，17(1)：30-34.

3. 结合章节

本案例适用于《工科线性代数》（第 2 版，崔荣泉、杨泮池、王艳等编，西安交通大学出版社，2017 年）第 1 章第 1.2 节 "矩阵基本运算" 的教学。

4. 思政元素

通过本案例的教学，不仅能帮助学生深入理解数学的概念，而且发挥了数学独特的文化育人功能，有助于学生形成良好而健全的品格，形成创新性思维。在教学中应鼓励学生在遇到复杂的问题时，要学会拆分问题，透过现象看本质，化难为易，分类多步骤解决问题，从而用解决简单问题的方法去解决复杂问题；进一步引导学生形成丰富的想象力和敏锐的观察力，强化学生解决实际问题的能力。

5. 课程思政教学目标

通过对本案例的学习，培养学生透过现象看本质的能力；激发学生探索问题的兴趣；使学生能够尊重科学，尊重知识；培养学生的创新意识及细致严谨的工作作风；培育学生自主学习的能力和科学精神。

6. 案例描述

本案例将一个实际生活问题数学化，并应用线性变换方法，成功解决了现实问题。由此可知，线性变换是我们解决实际问题的重要工具。

案例三

增强民族自豪感，树立远大理想：
线性方程组的求解

马思遥

1. 案例主题

线性方程组的求解是线性代数的主要内容之一。我国古代数学著作《九章算术》就有解线性方程组的记载。《九章算术》是中国古代数学的伟大成就，在世界数学史上也是值得我们自豪的宝贵遗产。本案例能增强学生的民族自豪感，引导学生树立远大理想。

2. 案例资料

中国人研究线性方程组比欧洲人至少早1500年，在《九章算术》中就有相关记载。《九章算术》中的"方程"专指多元一次方程，"方"意为并列，"程"意为用算筹表示竖式，其解法是将它们的系数和常数项用算筹摆成"方阵"（所以称为"方程"），采用分离系数的方法表示线性方程组（相当于现在的矩阵），应用正负数的乘除法则（相当于现代大学课程"高等代数"中的线性变换）计算。这是世界上最早的完整的线性方程组的解法。在欧洲，直到17世纪才由莱布尼茨提出完整的线性方程组的解法法则，故《九章算术》中对"方程"的这种解法是具有世界先驱意义的。

汉语中"方程"一词源于讨论多个未知数的问题。《九章算术》有专门的一卷以一些实际应用问题为例，给出了由几个方程构成的方程组的解题方法。

例如，方程卷第一问：今有上禾三秉，中禾二秉，下禾一秉，实三十九斗；上禾二秉，中禾三秉，下禾一秉，实三十四斗；上禾一秉，中禾二秉，下禾三秉，实二十六斗。问：上、中、下禾实一秉各几何？

方程术解如下：置上禾三秉，中禾二秉，下禾一秉，实三十九斗，于右方。中、左禾列如右方。以右行上禾遍乘中行而以直除。又乘其次，亦以直除。然以中行中禾不尽者遍乘左行而以直除。左方下禾不尽者，上为法，下为实。实即下禾之实。求中禾，以法乘中行下实，而除下禾之实。余，如中禾秉数而一，即中禾之实。求上禾亦以法乘右行下实，而除下禾、中禾之实。余，如上禾秉数而一，即上禾之实。实皆如法，各得一斗。

将方程术解中所列方程及消元过程简析如下。

第一步：从右向左列出竖式算筹方程。

	左	中	右
上禾	1	2	3
中禾	2	3	2
下禾	3	1	1
	26	34	39

第二步：消元（先将三元变二元）。

	左	中	右
上禾	1	2	3
中禾	2	3	2
下禾	3	1	1
	26	34	39

$\xrightarrow{3×中-2×右}$

	左	中	右
上禾	1	0	3
中禾	2	5	2
下禾	3	1	1
	26	24	39

$\xrightarrow{3×左}$

	左	中	右
上禾	3	0	3
中禾	6	5	2
下禾	9	1	1
	78	24	39

$\xrightarrow{左-右}$

	左	中	右
上禾	0	0	3
中禾	4	5	2
下禾	8	1	1
	39	24	39

第三步：再次消元（二元变一元）。

$\xrightarrow{5×左}$

	左	中	右
上禾	0	0	3
中禾	20	5	2
下禾	40	1	1
	195	24	39

$\xrightarrow[\frac{1}{9}×左]{左-4×中}$

	左	中	右
上禾	0	0	3
中禾	0	5	2
下禾	4	1	1
	11	24	39

消去两元，剩下下禾，即可求出下禾＝11/4 斗。用现在的方法代入下禾值相应可求出中禾值和上禾值。但《九章算术》中的解法不是这样的，如下所示。

$\xrightarrow{4×中}$

	左	中	右
上禾	0	0	3
中禾	0	20	2
下禾	4	4	1
	11	96	39

$\xrightarrow[\frac{1}{5}×中]{中-左}$

	左	中	右
上禾	0	0	3
中禾	0	4	2
下禾	4	0	1
	11	17	39

$\xrightarrow[右-中]{2×右}$

	左	中	右
上禾	0	0	6
中禾	0	4	0
下禾	4	0	2
	11	17	61

$\xrightarrow[右-左]{2×右}$

	左	中	右
上禾	0	0	12
中禾	0	4	0
下禾	4	0	0
	11	17	111

由此可得下禾＝11/4 斗，中禾＝17/4 斗，上禾＝111/12＝37/4 斗。

对应线性方程组计算：设上禾、中禾、下禾每秉打谷分别为 x,y,z，由题意可得方程组

$$\begin{cases} 3x+2y+z=39 \\ 2x+3y+z=34 \\ x+2y+3z=26 \end{cases}$$

用消元法易得同解线性方程组为

$$\begin{cases} x+2y+3z=26 \\ y+5z=18 \\ 4z=11 \end{cases}$$

从而，
$$x=\frac{37}{4}, y=\frac{17}{4}, z=\frac{11}{4}$$

矩阵的初等变换法：将增广矩阵进行初等行变换，可得出同样的解，如下所示。

$$\begin{pmatrix} 3 & 2 & 1 & \vdots & 39 \\ 2 & 3 & 1 & \vdots & 34 \\ 1 & 2 & 3 & \vdots & 26 \end{pmatrix} \rightarrow \begin{pmatrix} 1 & 2 & 3 & \vdots & 26 \\ 0 & 1 & 5 & \vdots & 18 \\ 0 & 0 & 4 & \vdots & 11 \end{pmatrix} \rightarrow \begin{pmatrix} 1 & 0 & 0 & \vdots & \frac{37}{4} \\ 0 & 1 & 0 & \vdots & \frac{17}{4} \\ 0 & 0 & 1 & \vdots & \frac{11}{4} \end{pmatrix}$$

从上述对比可以看出，《九章算术》的解法与线性方程组的消元法，即"高斯消元法"一致，而"高斯消元法"比《九章算术》中的解法晚了至少 1500 年。我们古人的伟大成就令人叹为观止，值得每一个中国人自豪和骄傲。

资料来源：

钱宝琮，1964. 中国数学史［M］. 北京：科学出版社.

吴裕宾，朱家生，1990.《九章算术》与刘徽注中正负数乘除法初探［J］. 自然科学史研究（1）：22-27.

张苍，等，2015. 九章算术［M］. 邹涌，译解. 重庆：重庆出版社.

3. 结合章节

本案例适用于《工科线性代数》（第 2 版，崔荣泉、杨泮池、王艳等编，西安交通大学出版社，2017 年）第 2 章第 2.3 节"克莱姆法则"、第 4 章第 4.4 节"齐次线性方程组求解"和第 4.5 节"非齐次线性方程组求解"的教学。

4. 思政元素

了解《九章算术》这部中国古代数学的瑰宝有利于增强学生的民族自豪感，让学生坚定文化自信，承担起国家未来的发展责任，为振兴中华而奋斗。

5. 课程思政教学目标

通过本案例的教学，帮助学生了解中国古代数学史，增强学生的自豪感，引导学生继承和学习古人的开创精神，树立为中国现代科学的崛起而努力学习的远大抱负。通过方程组的求解教学过程，启发学生在解决难题时，既要善于发现规律，又要善于总结经验，同时要敢于面对挫折，克服困难，提高解决实际问题的能力。

6. 案例描述

本案例首先介绍《九章算术》这部古代数学著作，它的出现标志着中国古代数学体系的形成；其次，通过实例介绍《九章算术》中用系数和算筹摆成"方程"求方程的解的过程，并将其和现代消元法及初等变换法进行比较，让学生真正认识到中国古代数学思想的强大和取得的伟大成就，增强学生的民族自豪感和自信心，激励学生努力学习，不负青春。

案例四

实践出真知：矩阵的初等变换

杨春晓

1. 案例主题

数学源于实践。本案例通过介绍《九章算术》中矩阵的初等变换的思想，让学生了解中国数学家对人类社会发展的贡献，领悟"实践出真知"这一哲学思想的重要性，激励学生积极参与实践活动。

2. 案例资料

《九章算术》收录了很多与农业相关的问题，这些都和古代生产息息相关。方程卷的十八道题需要用方程术解决，第八题就是对三元一次方程的应用，具体题目如下：今有卖牛二、羊五，以买十三豕，有余钱一千。卖牛三、豕三，以买九羊，钱适足。卖羊六、豕八，以买五牛，钱不足六百。问牛、羊、豕价各几何？

书中的解题过程如下：如方程，置牛二、羊五正，豕一十三负，余钱数正；次，牛三正，羊九负，豕三正；次，牛五负，羊六正，豕八正，不足钱负。以正负术入之。

资料来源：

李秀艳，2019. 浅谈古代数学家刘徽的贡献及其思想 [J]. 文化产业（13）：9-10.

是伯元，1993. 中国古代数学家在数的发展史上的贡献 [J]. 郧阳师范高等专科学校学报（2）：99-108.

3. 结合章节

本案例适用于《工科线性代数》（第 2 版，崔荣泉、杨泮池、王艳等编，西安交通大学出版社，2017 年）第 3 章第 3.3 节"矩阵初等变换的应用"的教学。

4. 思政元素

《九章算术》最先给出正负术和完整线性方程组的解法，突破了正数的范围，扩展了数系，促进了世界数学的发展，体现了中国古代数学家的智慧。本案例可以让学生充分体会到数学来源并服务于实践，真正认识到中国数学思想的源远流长，从而激励学生努力学习数学，积极参加社会实践，为中国现代科学的崛起而奋斗。

5. 课程思政教学目标

通过本案例的教学，使学生了解到理论来源于实践，并且服务于实践的辩证原理，引导学生努力学习理论知识，积极参加社会实践，增加社会服务意识，增强社会责任感。

6. 案例描述

首先，使用古人的方法，即方程术来解决案例所述问题。具体过程如下。

第一步：用分离系数的表示方法列出方程式（古人习惯从右到左）。

	左	中	右
牛	2	3	−5
羊	5	−9	6
豕	−13	3	8
	1000	0	−600

第二步：消元计算，将三元变为二元。

将右边最上面的数字−5的绝对值作为乘数，乘以中间的所有数字，然后用中间的数字对应加上右边的数字，直到中间这一列最上面的数变成0，具体如下：

（1）中间列先乘5。

	左	中	右
牛	2	15	−5
羊	5	−45	6
豕	−13	15	8
	1000	0	−600

（2）中间列再加右列数字的3倍。

	左	中	右
牛	2	0	−5
羊	5	−27	6
豕	−13	39	8
	1000	−1800	−600

接着用同样的步骤算左列。

	左	中	右			左	中	右
牛	10	0	−5		牛	0	0	−5
羊	25	−27	6		羊	37	−27	6
豕	−65	39	8		豕	−49	39	8
	5000	−1800	−600			3800	−1800	−600

第三步：用同样的步骤再次消元，将二元变一元。

	左	中	右
牛	0	0	−5
羊	999	−27	6
豕	−1323	39	8
	102600	−1800	−600

	左	中	右
牛	0	0	−5
羊	0	−27	6
豕	120	39	8
	36000	−1800	−600

第四步：求豕、羊、牛的具体价格。根据左边列，可知 $120×豕=36000$，解出豕 $=36000/120=300$，即豕的价格是 300 钱。再次用先乘再减的方法计算羊的价格。具体如下。

	左	中	右
牛	0	0	−5
羊	0	−3240	6
豕	120	4680	8
	36000	−216000	−600

	左	中	右
牛	0	0	−5
羊	0	−3240	6
豕	120	0	8
	36000	−1620000	−600

可知 $3240×羊=1620000$，解得羊 $=1620000/3240=500$，即羊的价格是 500 钱。

牛的求法类似，先消豕，再消羊，余下就是牛，可得牛的价格为 1200 钱。

其次，将上述方程术类比现代的矩阵初等变换。

(1) 数量的求解，相当于现在的方程组求解。

(2) 分离系数的表示方法，相当于现在的矩阵。

(3) 线性方程组的直除法，相当于现在的矩阵初等变换。

最后，引导学生明白，基本的数学思想产生于实际问题，数学思想也广泛应用于社会实践，可以帮助我们解决各种各样的问题。

案例五

弘扬集体主义精神：最大线性无关向量组

陈清江

1. 案例主题

最大线性无关向量组在线性方程组的求解与线性系统的控制理论中有重要应用。从本案例可以看出，向量组比单个向量能发挥更大作用，以此引导学生关心集体，弘扬集体主义精神。

2. 案例资料

引入向量组线性相关性与最大线性无关向量组的概念。

设有 n 维向量 $\boldsymbol{\alpha}_1, \boldsymbol{\alpha}_2, \cdots, \boldsymbol{\alpha}_s$ 组成的向量组 A。如果存在不全为零的数 $k_1, k_2, \cdots, k_s$，使得

$$k_1\boldsymbol{\alpha}_1 + k_2\boldsymbol{\alpha}_2 + \cdots + k_s\boldsymbol{\alpha}_s = \boldsymbol{0}$$

则称向量组 A 线性相关。否则，称向量组 A 线性无关。

设 A 表示由若干个 n 维向量组成的向量组。如果 A 中存在线性无关的子向量组 $\boldsymbol{\alpha}_1, \boldsymbol{\alpha}_2, \cdots, \boldsymbol{\alpha}_r$，并且任取 $\boldsymbol{\beta} \in A$，总有 $\boldsymbol{\alpha}_1, \boldsymbol{\alpha}_2, \cdots, \boldsymbol{\alpha}_r, \boldsymbol{\beta}$ 线性相关，则称 $\boldsymbol{\alpha}_1, \boldsymbol{\alpha}_2, \cdots, \boldsymbol{\alpha}_r$ 为 A 的一个最大线性无关向量组。例如，有一个非齐次线性方程组：

$$\begin{cases} 2x_1 - x_2 + x_3 = -1 \\ x_1 + 2x_2 - 2x_3 = 1 \\ x_1 - 3x_2 + 3x_3 = -2 \end{cases}$$

显而易见，其有效方程的个数为 2 个，因为第 3 个方程可由第 1 个方程减第 2 个方程得到。可以用向量的关系来研究方程组解的情况，对于上述方程组 3 个方程对应的 3 个向量来说，"有用"的最少的向量是 2 个。因此，对于一个给定的向量组，应该关注"有用"的最少的向量的个数，这便是最大线性无关向量组的概念。

资料来源：

北京大学数学系几何与代数教研室前代数小组，2003. 高等代数 [M]. 3 版. 北京：高等教育出版社.

匡国光，杨茂，2011. 线性代数 [M]. 北京：科学出版社.

同济大学数学系，2017. 线性代数 [M]. 北京：人民邮电出版社.

3. 结合章节

本案例适用于《工科线性代数》（第 2 版，崔荣泉、杨泮池、王艳等编，西安交通大学出版社，2017 年）第 4 章第 4.2 节 "向量组的线性相关性" 的教学。

4. 思政元素

最大线性无关向量组能表示它所在向量组的任何一个向量。运用最大线性无关向量组可以化繁为简，抓住矛盾的主要方面。涓涓细流汇成江河，一个人的力量是有限的，把有共同理想的人团结起来，才能形成建设美丽中国的磅礴力量。个人与集体密不可分，一个人只有融进集体，才能展现他的才华。

5. 课程思政教学目标

通过本案例的教学，使学生理解众人划桨开大船的意义，教育学生在分析问题时要养成化繁为简、去伪存真、去粗取精的思维习惯，激发学生的学习兴趣，同时鼓励学生学好、用好最大线性无关向量组，培养学生的大局意识，引导学生处理好个人与集体的关系。

6. 案例描述

考察如下齐次线性方程组的有效方程个数。

$$\begin{cases} x_1+2x_2+2x_3+x_4=0 \\ 2x_1+x_2-2x_3-2x_4=0 \\ x_1-x_2-4x_3-3x_4=0 \end{cases}$$

对其系数矩阵 A 进行初等行变换，转化为阶梯形矩阵：

$$A=\begin{pmatrix} 1 & 2 & 2 & 1 \\ 2 & 1 & -2 & -2 \\ 1 & -1 & -4 & -3 \end{pmatrix} \rightarrow \begin{pmatrix} 1 & 2 & 2 & 1 \\ 0 & -3 & -6 & -4 \\ 0 & -3 & -6 & -4 \end{pmatrix} \rightarrow \begin{pmatrix} 1 & 2 & 2 & 1 \\ 0 & -3 & -6 & -4 \\ 0 & 0 & 0 & 0 \end{pmatrix}$$

上面给出的齐次线性方程组中的第 3 个方程是无效的假方程。该齐次线性方程组系数构成的向量组 $\boldsymbol{\alpha}_1=(1,2,2,1), \boldsymbol{\alpha}_2=(2,1,-2,-2), \boldsymbol{\alpha}_3=(1,-1,-4,-3)$ 是线性相关的。本案例有利于学生深刻理解个人和集体之间的关系，个人只有有效地融入集体，才能发挥更大的作用，即"众人拾柴火焰高"。

案例六

树立社会主义核心价值观：方阵的特征值和特征向量

陈清江　杜丽英

1. 案例主题

结合方阵的特征值和特征向量的教学，教育学生在大是大非面前，要以国家利益为重，树立社会主义核心价值观。

2. 案例资料

设 A 为 n 阶方阵，如果存在常数 k 和 n 维非零向量 $\boldsymbol{\alpha}$，使得

$$A\boldsymbol{\alpha} = k\boldsymbol{\alpha}$$

成立，则称常数 k 为方阵 A 的特征值，称非零向量 $\boldsymbol{\alpha}$ 为方阵 A 的对应于特征值 k 的特征向量。

根据方阵 A 的特征值和特征向量的定义式，我们可以知道 n 阶方阵 A 的功能相当于一个线性变换。用 n 阶方阵 A 左乘一个向量 $\boldsymbol{\alpha}$，相当于对向量 $\boldsymbol{\alpha}$ 在 n 个方向上进行不同程度的伸缩，这样的伸缩会导致向量大小和方向发生改变（旋转）。

而一个线性变换的特征向量是这样一种向量，它经过这种特定的变换后保持向量 $\boldsymbol{\alpha}$ 方向不变，只是进行长度上的伸缩。当特征值大于 1 时，该线性变换拉伸向量 $\boldsymbol{\alpha}$；当特征值等于 1 时，向量 $\boldsymbol{\alpha}$ 不变；当特征值小于 1 时，该线性变换压缩向量 $\boldsymbol{\alpha}$。特征值反映了特征向量在进行线性变换时的伸缩倍数，其中特征向量指明的方向也是很重要的（另外，特征向量不是一个向量而是一个向量族 $k\boldsymbol{\alpha}$）。

如果 n 阶方阵 A 是实对称矩阵，就能找到 n 个两两正交的特征向量，这 n 个两两正交的特征向量构成了 n 维向量空间 $\boldsymbol{R}^n$ 的一组基（相当于建立了 n 维空间坐标系），利用这组基可以得到向量 $\boldsymbol{\alpha}$ 在向量空间 $\boldsymbol{R}^n$ 中的表示 $(a_1, a_2, \cdots, a_n)$，这里向量 $\boldsymbol{\alpha}$ 与 $(a_1, a_2, \cdots, a_n)$ 实际上是完全相同的一个向量，就像一个人的大名和小名。这时用 A 左乘 $(a_1, a_2, \cdots, a_n)$，相当于对 $(a_1, a_2, \cdots, a_n)$ 在空间 $\boldsymbol{R}^n$ 上这组基的各个方向上进行了不同程度的拉伸和压缩变换，程度的不同体现为特征值的不同。特征值越大，那么方阵 A 在该特征向量的方向上对 $(a_1, a_2, \cdots, a_n)$ 的拉伸作用越大，在这个方向上的影响力就越大。

如果我们把不同的观点看成是不同的特征向量，它们就构成了一个舆论的二维空间，在这个空间中，每一条舆论通过网络媒体，向不同方向拉伸或压缩（投影），拉伸或压缩的程度（相当于特征值的大小）取决于你的观点偏向程度。

资料来源：

北京大学数学系几何与代数教研室前代数小组，2003. 高等代数 [M]. 3 版. 北京：高等教育出版社.

同济大学应用数学系，2003. 工程数学：线性代数 [M]. 4 版. 北京：高等教育出版

社．

3. 结合章节

本案例适用于《工科线性代数》（第 2 版，崔荣泉、杨泮池、王艳等编，西安交通大学出版社，2017 年）第 5 章第 5.2 节"方阵的特征值和特征向量"的教学。

4. 思政元素

如今学生大多通过网络获取信息，每个人发表的言论，经过网络媒体的作用，会向不同立场的方向拉伸。通过本案例的教学，告诉学生，在网络媒体上发表言论时，应本着爱党爱国的初心，以维护国家利益为重，不信谣，不传谣，维护国家的安定团结。

5. 课程思政教学目标

通过本案例的教学使学生理解，在网络媒体上发表的言论或观点，会在舆论空间中产生影响。为了国家的利益和社会的和谐，每个人都应该坚持正确的舆论导向，不发表不当的言论，不转发不实的消息，自觉树立和践行社会主义核心价值观。

6. 案例描述

① n 阶方阵 A 左乘一个向量 $\boldsymbol{\alpha}$，相当于对向量 $\boldsymbol{\alpha}$ 在 n 个方向上进行了不同程度的伸缩，这样的伸缩会导致向量的大小和方向发生改变（旋转）。

② 若 n 阶方阵 A 是实对称矩阵，就能找到 n 个两两正交的特征向量，这 n 个两两正交的特征向量，构成了 n 维向量空间 $\boldsymbol{R}^n$ 的一组基。

③ 向量 $(a_1, a_2, \cdots, a_n)$ 在空间 $\boldsymbol{R}^n$ 的分解：用 A 左乘 $(a_1, a_2, \cdots, a_n)$ 相当于对 $(a_1, a_2, \cdots, a_n)$ 在空间 $\boldsymbol{R}^n$ 中基的各个方向上进行不同程度的伸缩变换，特征值不同体现着伸缩程度的不同，方阵 A 对应的特征值越大，那么方阵 A 在该特征向量的方向上对 $(a_1, a_2, \cdots, a_n)$ 的拉伸作用越大，即在这个方向上的影响力越大。

④ 每个人发表的言论，都会在舆论空间中产生影响。在这个舆论空间中，发表的言论应有利于国家的安定团结，以"爱国、敬业、诚信、友善"为原则。

案例七

勇于攀登的科学精神：二次型的标准形

宫春梅　杜丽英

1. 案例主题

在线性代数中，用配方法将二次型化为标准形，虽然化简过程烦琐，但目标明确。通过这部分内容的教学，鼓励学生在实现目标的过程中，不畏艰辛，脚踏实地，勇攀高峰。

2. 案例资料

设二次曲面 S 在直角坐标系中的方程为
$$x^2+4y^2+z^2-4xy-8xz-4yz-1=0$$
这是什么样的二次曲面呢？

解决这个问题的思路是：进行直角坐标变换，使得在直角坐标系中，S 的方程不含交叉项，只含平方项，这样就可看出 S 是什么二次曲面。

是否可以把一个二次齐次多项式化成只含平方项的形式呢？这便是本案例要研究的中心问题。它在数学的许多分支学科，以及物理学和工程技术中都有很重要的应用。

资料来源：

北京大学数学系几何与代数教研室前代数小组，2003. 高等代数 [M]. 3版. 北京：高等教育出版社.

同济大学应用数学系，2003. 工程数学：线性代数 [M]. 4版. 北京：高等教育出版社.

3. 结合章节

本案例适用于《工科线性代数》（第2版，崔荣泉、杨泮池、王艳等编，西安交通大学出版社，2017年）第6章第6.5节"求特征值特征向量　化二次型为标准形"的教学。

4. 思政元素

用配方法化二次型为标准形是一个运算量较大的过程。然而，一旦目标确定，就要咬定青山不放松，不厌其烦，循序渐进，遵守规则，一步一个脚印，为实现这个目标而努力。

5. 课程思政教学目标

通过本案例的教学，使学生懂得，既定目标的实现需要一个可行的方案，在执行方案的过程中，会遇到各种困难和干扰。"宝剑锋从磨砺出，梅花香自苦寒来。"美好愿望的实现，常常需要不懈地努力，只有坚定信念，克服重重困难，才能最终实现自己的目标。

6. 案例描述

二次型 $f(x_1,x_2,\cdots,x_n)$ 经过非退化线性替换所变成的平方和称为 $f(x_1,x_2,\cdots,x_n)$ 的一

个标准形。如何将二次型化为标准形呢？我们先来看下面的例子。

用配方法将
$$x_1^2 + 2x_2^2 + x_4^2 + 4x_1x_2 + 4x_1x_3 + 2x_1x_4 + 2x_2x_3 + 2x_2x_4 + 2x_3x_4$$
化为标准形。

解：$x_1^2 + 2x_2^2 + x_4^2 + 4x_1x_2 + 4x_1x_3 + 2x_1x_4 + 2x_2x_3 + 2x_2x_4 + 2x_3x_4$

$= (x_1 + 2x_2 + 2x_3 + x_4)^2 - 2x_2^2 - 4x_3^2 - 6x_2x_3 - 2x_2x_4 - 2x_3x_4$

$= (x_1 + 2x_2 + 2x_3 + x_4)^2 - 2\left(x_2 + \dfrac{3}{2}x_3 + \dfrac{1}{2}x_4\right)^2 + \dfrac{1}{2}x_3^2 + \dfrac{1}{2}x_4^2 + x_3x_4$

$= (x_1 + 2x_2 + 2x_3 + x_4)^2 - 2\left(x_2 + \dfrac{3}{2}x_3 + \dfrac{1}{2}x_4\right)^2 + \dfrac{1}{2}(x_3 + x_4)^2$

所以原二次型可经过非退化线性替换
$$\begin{cases} y_1 = x_1 + 2x_2 + 2x_3 + x_4 \\ y_2 = x_2 + \dfrac{3}{2}x_3 + \dfrac{1}{2}x_4 \\ y_3 = x_3 + x_4 \\ y_4 = x_4 \end{cases}$$

化为标准形 $y_1^2 - 2y_2^2 + \dfrac{1}{2}y_3^2$。

一个 n 元二次型 $f(x_1, x_2, \cdots, x_n)$ 也可通过类似的方法化为标准形。事实上，把一个二次型化为标准形，通常需要经过若干次的非退化线性替换，每一次的非退化线性替换，都是聚焦一个变量进行配方的结果：先针对变量 x_1 进行配方，再针对变量 x_2 进行配方，……，最后针对变量 x_{n-1} 进行配方。每做一次非退化线性替换，我们就距离目标更近了一步；虽然每一步都很烦琐，但一步一步坚持下来，最终便可得到二次型的标准形。

此案例鼓励学生要学会制订目标，且在实现目标的过程中，一定要坚定信念，脚踏实地。

第三篇
"概率论与数理统计"课程思政教学案例

案例一

中国骰子的历史：趣说古典概型

史加荣

1. 案例主题

本案例通过介绍中国骰子的历史，激发学生对中国博戏历史及相关历史典故的兴趣，了解古人的聪明智慧，发扬创新精神；通过经典的掷骰子游戏，加深学生对古典概型概念的理解。

2. 案例资料

"骰子"问题是假设 n（n 为正整数）个匀称的骰子一起进行投掷，得到的点数分别标记为 x_1，x_2，$\cdots$，x_n（$1 \leqslant x_i \leqslant 6$，$x_i$ 为整数，$i=1,2,3,\cdots,n$），投掷一次所得到的点数和（各个骰子朝上一面的点数之和）记为 k，则 $k = x_1 + x_2 + \cdots + x_n$ 且 x_1，x_2，$\cdots$，x_n 即为 $k = x_1 + x_2 + \cdots + x_n$ 的一组解。在古典概型中的"骰子"问题的样本空间的求解比较简单。

骰子被视作中国博具之祖，在春秋战国之际已较为流行。

战国至秦汉时期，我国原产的骰子是十四面体或者十八面体，上刻汉字，被称为"茕"。直到东晋和唐宋时期，才出现了正六面体的骰子。骰子最初只是为了帮助人们生成随机数字。例如，在唐代骰子是配合马吊纸牌一起玩的，这种游戏发展到现在，就演变成了中国人都熟悉的麻将。

资料来源：

魏首柳，2011. 概率论与数理统计中"骰子"问题的概率探讨 [J]. 南阳师范学院学报 (3)：18-20.

3. 结合章节

本案例适用于《概率统计》（第二版，赵彦晖主编，科学出版社，2015 年）第 1 章第 1.1 节"样本空间与随机事件"、第 1.2 节"事件的频率与概率"、第 1.3 节"古典概型与几何概型"的教学。

4. 思政元素

骰子的发明凝聚着古人的聪明智慧。一方面，让学生了解经典的掷骰子游戏，加深学生对古典概型概念的认识；另一方面，也让学生了解中国古代的部分娱乐方式。

5. 课程思政教学目标

通过本案例的教学，培养学生的民族自豪感，同时提高学生对古典概型学习的兴趣。

6. 案例描述

古典概型具有下面两个特点：

(1) 试验中所有可能出现的基本事件为有限个；
(2) 每个基本事件出现的可能性相等。

在古典概型中，任何事件 A 的概率为

$$P(A) = \frac{A \text{ 包含的基本事件的个数}}{\text{基本事件的总数}}$$

"骰子"问题是古典概型中一个经典的例子，在讲解古典概型掷骰子的例子时，概述中国古代骰子的历史演变，可以使学生进一步了解中国历史，让学生体会古代人的工匠精神和聪明才智。

案例二

理论的完善与统一：概率概念的发展史

王兰芳

1. 案例主题

概率论起源于17世纪中叶，在几百年的时间里，人们对概率概念的认识不断深化。本案例通过介绍概率概念的发展，体现人们在追求理论的不断完善与统一的过程中所做出的努力和尝试，使学生养成严谨的思维习惯，不断创新。

2. 案例资料

概率是描述事件发生可能性的度量指标，概率的概念是逐步形成和完善起来的。

定义1：设试验 E 是古典概型，样本空间 Ω 有 n 个样本点，某随机事件 A 有 r 个样本点，则定义随机事件 A 发生的概率为 r/n，记为 $P(A)$，即

$$P(A) = \frac{A \text{ 中样本点数}}{\Omega \text{ 中样本点数}} = \frac{r}{n}$$

这一定义是概率的古典定义，概率的古典定义要求随机试验满足有限性与等可能性，这使得其在实际应用中受到了很大的限制，于是又有了概率的几何定义。

定义2：设 Ω 为试验 E 的样本空间，A 为随机事件。设 Ω 为某可度量的区域，且事件 A 在 Ω 中任一区域出现的可能性大小与该区域的几何度量成正比，而与该区域的位置与形状无关。定义随机事件 A 发生的概率

$$P(A) = \frac{A \text{ 的几何度量}}{\Omega \text{ 的几何度量}}$$

如果 Ω 分别是一维的、二维的和三维的，则 Ω 的几何度量分别为长度、面积和体积。

概率的几何定义虽然去掉了有限性的限制，但仍要求试验满足等可能性，这在实际问题中仍有很大的局限性。通过长期的实践，人们逐步发现，当重复试验的次数增加时，随机事件出现的频率总在0到1之间的某个常数 p 附近摆动，且越来越接近 p。例如，历史上曾有很多数学家为了考证概率概念，实地做过抛硬币的试验。由此引入概率的统计定义。

定义3：设 Ω 为试验 E 的样本空间，A 为随机事件。如果随着重复试验次数的增加，事件 A 发生的频率在0与1之间的某个常数 p 附近摆动，则定义事件 A 发生的概率为 p，记为 $P(A)$，即

$$P(A) = p$$

概率的统计定义对试验不做任何要求，适合所有试验，也比较直观。但在数学上却很不严密，如重复试验的次数何时为"很多"？定义中的常数 p 如何确定？上述定义与其说是定义，不如说它们仅是对不同的情况给出概率的计算方法。20世纪30年代，柯尔莫哥洛夫以上述三个定义的性质为背景，给出了严密的概率的公理化定义。

定义4：设 Ω 为试验 E 的样本空间，A 为随机事件，$P(A)$ 是实值函数，如果 $P(A)$ 满

足下面三条公理：

(1)（非负性）对任一随机事件 A，有 $P(A) \geqslant 0$；

(2)（规范性）对必然事件 Ω，有 $P(\Omega) = 1$；

(3)（完全可加性）对两两互不相容的事件 $A_1, A_2, \cdots$，有

$$P(\bigcup_{i=1}^{\infty} A_i) = \sum_{i=1}^{\infty} P(A_i)$$

则称 $P(A)$ 为随机事件 A 的概率。

概率的公理化定义是严密的数学定义，且对试验不做任何要求，但是它没有给出事件概率的计算方法。要计算一个具体事件的概率，根据不同的情况，通常采用定义1或定义2计算。

总之，概率概念的形成，经历了古典定义、几何定义、统计定义再到公理化定义的过程，体现了从简单到复杂、从特殊到一般、从具体到抽象的逐步变化，反映了人们对概率的认识所经历的过程，渗透着丰富的数学化、模型化思想方法，蕴含着深刻的辩证哲理。

资料来源：

孙荣恒，2004. 趣味随机问题 [M]. 北京：科学出版社.

3. 结合章节

本案例适用于《概率统计》（第二版，赵彦晖主编，科学出版社，2015 年）第 1 章第 1.2 节 "事件的频率与概率" 的教学。

4. 思政元素

数学概念是人脑对现实对象的数量关系和空间形式的本质特征的一种反映形式，即一种数学的思维形式。在概率论的学习过程中，我们经常会发现许多存在于生活中的有趣现象的原理，因此应用概率论的知识可以使一些困惑得以解决，同时还可以对一些事情进行一定的推理和预测，从而培养和提升学生学以致用的能力。此外，学习概率概念，需要让学生了解概念产生的过程，这样才能进一步巩固对概念的理解和应用概念。

5. 课程思政教学目标

通过对概率概念的发展史的学习，使学生深刻地体会到概率概念是怎样形成和怎样经过不断的修正而趋于完善的，从而使学生对理论有更深刻的认识。人类的认识发展是永无止境的，经过实践的检验，理论的相对真理性终会得到发展和完善，本案例也会使学生了解到那些做出杰出贡献的前辈们的探索精神和治学严谨、实事求是的科学态度，了解他们将理论结合实践，不断发现理论中存在的不足，然后不断尝试改进的科学精神，有利于学生形成认真严谨的学习态度，树立良好的创新意识，并善于从生活中发现科学，不断创新。

6. 案例描述

在讲授概率的公理化定义的教学过程中，教师可以通过本案例中对概率的古典定义、几何定义和统计定义的层层引入，讨论已有定义的不足之处，从而激发学生的求知欲望，然后给出公理化定义。这不仅可以让学生了解概率概念的发展，同时可以使学生掌握概率的计算方法和性质，对概率这一重要概念有全新的认识。

案例三

"三个臭皮匠，顶个诸葛亮"：从概率角度的解析

彭家龙　李体政

1. 案例主题

中华民族是拥有五千多年历史的伟大民族，在五千多年的历史长河中，孕育出了丰富璀璨的传统文化。谚语是中国传统文化内容之一，是我国劳动人民智慧的结晶。本案例通过从概率的角度解析经典谚语"三个臭皮匠，顶个诸葛亮"，培养学生的团队合作意识。

2. 案例资料

谚语，作为一种认知的产物，是指广泛流传于民间的言简意赅的短语，多数是劳动人民对生活实践经验的总结，体现了人们在生活中的智慧和观点态度。接下来，我们利用概率知识定量地解析一句寓意深刻的谚语——"三个臭皮匠，顶个诸葛亮"。

（1）概率模型的建立。

设 A 表示事件"诸葛亮解决问题"，B_i ($i=1,2,3$) 表示事件"第 i 个皮匠独立解决问题"。假设各事件发生的概率分别为

$$P(A)=0.9, P(B_1)=0.45, P(B_2)=0.55, P(B_3)=0.6$$

每个皮匠独立解决问题的能力都小于诸葛亮，那么三个皮匠一起解决问题的能力是否能超过诸葛亮呢？

（2）问题解答。

$$\begin{aligned}P(B_1 \cup B_2 \cup B_3) &= 1-P(\overline{B_1 \cup B_2 \cup B_3})\\&=1-P(\overline{B_1} \cap \overline{B_2} \cap \overline{B_3})\\&=1-P(\overline{B_1})P(\overline{B_2})P(\overline{B_3})\\&=1-(1-0.45)\times(1-0.55)\times(1-0.6)=0.901\end{aligned}$$

因此，三个皮匠一起解决问题的能力超过诸葛亮解决问题的能力。

资料来源：

王泽龙，朱炬波，刘吉英，2019. 数学建模在概率论与数理统计教学中的应用 [J]. 高等数学研究，22（1）：115-117.

张慧智，2017. 汉语谚语中的概念隐喻分析 [J]. 长治学院学报，34（3）：75-78.

3. 结合章节

本案例适用于《概率统计》（第二版，赵彦晖主编，科学出版社，2015年）第1章第1.5节"随机事件的独立性"的教学。

4. 思政元素

"三个臭皮匠，顶个诸葛亮"比喻人多智慧多，通过集思广益，往往能合力商策出好办

法。尽管学生对该谚语耳熟能详，但是大多停留在感性认识阶段，从概率角度对该谚语进行解析，可使学生更加理解团队合作与沟通的重要性。

5. 课程思政教学目标

通过本案例的教学，使学生充分了解"三个臭皮匠，顶个诸葛亮"这一谚语的深刻内涵，充分认识团队合作与沟通的重要性，在今后的学习和生活中提高自己的团队合作意识。

6. 案例描述

教师在讲解随机事件的独立性的过程中，先引入"三个臭皮匠，顶个诸葛亮"这个谚语，然后建立概率模型，从概率角度解析这一谚语，着重强调团队合作意识的重要性。

案例四

辩证思维看待问题：0-1分布

姜淑艳　殷清燕

1. 案例主题

任何事物都有两面性，且在一定条件下两个方面可以相互转化。例如，"危"是一种具有相对性、暂时性、可变性的客观存在，在一定条件下可以向"机"转变，"机"则可以随着"危"的化解应时而生。本案例引导学生使用辩证思维分析问题，客观地看待学习和生活中遇到的诸多困难。

2. 案例资料

在逻辑运算中，基本概念是逻辑常量与变量，逻辑常量只有0与1，用来表示两个对立的逻辑状态。唯物辩证法认为，事物都是对立统一的整体，既相互区别又相互联系，既相互对立又相辅相成。这一原理同样体现在"危"与"机"的关系之中。

在浩如烟海的史书中，先哲们关于"危"与"机"可以相互转化的论述俯拾皆是。例如，"塞翁失马，焉知非福"，又如"祸兮福所倚，福兮祸所伏。""危"和"机"是一个相互依赖、互为条件的矛盾统一体。正是有了化危为机、转危为安的辩证思维和智慧，中华民族才可以将一次次危难转变成前进和发展的契机和动力，展现出绝处逢生、化险为夷、转败为胜的壮丽风景。

资料来源：

方世昌，2009. 离散数学[M]. 3版，西安：西安电子科技大学出版社．

3. 结合章节

本案例适用于《概率统计》（第二版，赵彦晖主编，科学出版社，2015年）第2章第2.1节"离散型随机变量的概率分布"的教学。

4. 思政元素

通过本案例的讲解，引导学生理解"塞翁失马，焉知非福"，即"危"和"机"总是同生并存的，克服了"危"即是"机"。因此，面对危机时，要准确识变、科学应变、主动求变，善于从危机中创造机遇。

5. 课程思政教学目标

通过本案例的介绍，使学生明白每个事物都有两面性，在一定条件下两个方面可以相互转换，有时要学会换一个角度看待问题。胜不骄、败不馁，以平常心看待生活中的事。

6. 案例描述

引导学生掌握0-1分布的概率描述。0-1分布在日常生活中随处可见，例如，学生早起一会儿，速度快一点，就可以上课不迟到，反之就会迟到。

每一次危机背后，往往都蕴藏着机遇。突如其来的新型冠状病毒感染疫情，虽然使全球经济一度处于停摆状态，给旅游、交通、航空、餐饮、商贸等行业造成极大冲击，但与此同时，无人零售、无接触配送等新兴商业模式悄然兴起，数字经济、生命健康、新材料等一批战略性新兴产业快速崛起，形成新的强劲的经济增长点。如果各行各业都能主动作为、奋力求变，善于捕捉机遇，勇于创造机遇，就能够推进经济社会高质量发展。

案例五

坚持、坚忍、锲而不舍的丘成桐：联合分布与边缘分布

李体政　彭家龙

1. 案例主题

本案例介绍了国际著名数学家丘成桐教授的人生经历、励志故事，以及无私助力中国建设世界数学强国的感人事迹，让学生学习丘成桐教授坚持、坚忍、锲而不舍的精神和爱国情怀。

2. 案例资料

丘成桐，美籍华裔，1949年4月出生于中国广东汕头，现为美国哈佛大学数学系和物理系终身教授，清华大学丘成桐数学科学中心主任；1982年获得"数学界的诺贝尔奖"——菲尔兹奖。

童年的丘成桐无忧无虑，成绩优异。但在他14岁时，他的父亲去世，一家人顿时失去经济来源。丘成桐不得不一边打工一边学习，这令他饱尝人间冷暖，也造就了他不屈不挠的性格。1966年，丘成桐以优异成绩考入香港中文大学，并于1969年提前修完四年课程，被美国加利福尼亚大学伯克利分校陈省身教授所器重，获得博士学位。

数学是奇妙的，也是苦涩的。即使是立志在数学领域建功立业的人，能坚持到最后且拼出成果的，也是寥若晨星。丘成桐正是这样一颗"晨星"。常常有这样的情景——在偌大的教室中，听课的学生越来越少，最后只剩下教授一人面对讲台下唯一的学生悉心教诲。这唯一的学生，就是丘成桐。在加利福尼亚大学伯克利分校学习一年后，丘成桐便完成了他的博士论文，巧妙地解决了当时十分著名的"沃尔夫猜测"。他对这个问题的巧妙解决，使当时的数学界意识到一个数学新星出现了。

命运是公平的，奖章和荣誉授予了那个在教室中坚持到最后的人。但这些荣誉并没有让丘成桐止步不前，他继续进行着大量繁杂的研究工作，并不断取得更大的成就。著名数学家郑绍远先生回忆说，对于许多艰深的数学问题，丘成桐已思考近20年，虽然仍未解决，但他没有轻易放弃思考。坚持、坚忍、锲而不舍，这就是丘成桐的精神。

数学是奇妙的，只有锲而不舍才能探求其中真谛。对于丘成桐这样的数学家来说，这种探求不但是人生的意义，也是人生的乐趣。丘成桐证明了卡拉比猜想、正质量猜想等，是几何分析学科的奠基人。以他的名字命名的"卡拉比-丘流形"，是物理学中弦理论的基本概念，对微分几何和数学物理的发展都做出了重要贡献。

资料来源：

丘成桐，纳迪斯，2021. 我的几何人生：丘成桐自传［M］. 夏木清，译. 南京：译林

出版社.

王丽娜，史永超，2018. 丘成桐：攻克物理难题的数学大师 [J]. 科技导报，36（15）：93-95.

薛鲍，2009. 丘成桐简介 [J]. 西北大学学报（自然科学版）(5)：728.

3. 结合章节

本案例适用于《概率统计》（第二版，赵彦晖主编，科学出版社，2015 年）第 3 章第 3.2 节"边缘分布"的教学。

4. 思政元素

丘成桐教授进行了近五千次实验，才发展出流形梯度的计算理论。他的经历告诉我们，成功的诀窍在于勤奋。通过该案例的分析，可以引导学生学习丘成桐教授这种坚持、坚忍、锲而不舍的科研探索精神和为祖国数学事业的发展无私助力的爱国情怀。

5. 课程思政教学目标

通过本案例的教学，让学生学习丘成桐教授的坚持、坚忍、锲而不舍的攻坚精神，追求卓越、勇攀高峰的进取精神；引导学生树立正确的学习态度，激励学生珍惜机会，自强不息，努力做出成绩。

6. 案例描述

二维随机变量的联合分布可以决定边缘分布，但是边缘分布不一定决定联合分布，即高维可以决定低维，反之却不然。教师可以在讲解完该知识点之后，再引入该案例教学。

当年，丘成桐在美国加利福尼亚大学伯克利分校攻读博士学位，在他选择专业方向时，陈省身教授曾建议他去研究黎曼猜想，但他最后选择了更高维的问题——卡拉比猜想。"卡拉比-丘流形"空间的发现，为弦理论奠定了数学基础，它将弦理论从十维降到四维。如果没有丘成桐对这一高维问题的解决，也就不会有后来物理学的一场革命，同时卡拉比猜想的证明也标志着微分几何的一个新时代的到来。一个新的学科——几何分析也随之产生。

案例六

偶然性与必然性的对立统一：频率与概率

王兰芳

1. 案例主题

本案例将偶然性与必然性的对立统一和频率与概率相结合，体现了马克思主义的哲学观点。学习时，要引导学生学习频率与概率概念中所蕴含的唯物辩证法思想，引导学生树立正确的人生观、价值观和世界观。

2. 案例资料

恩格斯指出，在表面偶然性起作用的地方，这种偶然性始终是受内部隐蔽的规律支配的，而我们需要去发现这些规律。偶然性和必然性是对立的，是事物发展的两种不同趋向，它们产生的原因及在事物发展中的地位和作用不同。同时，它们又是统一的，必然性总是通过大量的偶然性表现出来，没有脱离偶然性的纯粹必然性；偶然性是必然性的表现形式和必要补充，偶然性背后隐藏着必然性并受其制约，没有脱离必然性的纯粹偶然性。必然性和偶然性可以在一定条件下互相转化。

随机事件的频率与概率，体现了偶然性与必然性的对立统一。表面上看，对随机现象的每一次观察，结果都是偶然的。但多次观察某个随机现象可以发现，大量的偶然之中存在着必然的规律。频率是个试验值，具有偶然性，可能取多个不同值。概率是客观存在的，具有必然性，只能取一个值。当试验次数较少时，频率与概率偏差较大，体现为对立性。但当试验次数很多时，频率就会稳定在某一常数附近。这个常数就是事件的概率，反映出频率和概率的统一性。

资料来源：

张远南，2005. 概率和方程的故事 [M]. 北京：中国少年儿童出版社.

3. 结合章节

本案例适用于《概率统计》（第二版，赵彦晖主编，科学出版社，2015 年）第 6 章第 6.1 节"大数定律"的教学。

4. 思政元素

通过学习随机事件频率和概率的概念，使学生体会偶然性与必然性的对立统一，确认某一现象既有其必然性，也有其偶然性，偶然性与必然性是统一的。只有坚持这种辩证的观点，才能解释复杂的现实问题，才能找到正确的研究方向。

5. 课程思政教学目标

通过本案例的教学，提高学生对频率与概率深层关系的理解程度，加强对学生的辩证唯物主义思想教育。从偶然性和必然性的辩证关系，强调养成良好学习习惯的重要性。虽然偶尔一次的偷懒造成的影响不大，具有偶然性，但是如果经常偷懒养成坏习惯，就必然会造成严重后果。

6. 案例描述

第一个科学地阐述大数定理的人是伯努利。他的名著《推测术》是概率论的一座丰碑，在书中伯努利证明了具有重要意义的大数定律。大数定律说明：当试验次数很大时，事件出现的频率和概率有较大偏差的可能性很小，因此我们可以用频率近似代替概率。大数定律是概率与频率对立统一的理论依据。该案例能够启发学生在学习中要明白知识是一点一滴积累得到的，不要妄想不劳而获。只有坚持不懈，才能厚积薄发。

第四篇
"大学物理"课程思政教学案例

案例一

从无到有，从弱到强：中国核潜艇

李 隆

1. 案例主题

核潜艇精神是千千万万核潜艇人在伟大的社会和科学实践中凝聚出来的精神理念，是在特定历史条件下，引导核潜艇人去完成历史使命的精神食粮，是核潜艇人为了建设强大的海军而创造的宝贵精神财富。本案例通过对动量、动量守恒定律的教学，在引导学生了解核潜艇发射导弹过程遵循的最基本物理原理的同时，培养学生的自主创新精神，引导学生将核潜艇精神发扬光大，为实现中华民族伟大复兴而努力奋斗。

2. 案例资料

1970年12月26日，我国自行研制建造的第一艘核潜艇正式下水，并进入舾装阶段。1974年，中国第一艘核潜艇被命名为"长征一号"，正式编入海军战斗序列。由此，中国成为当时全球五个拥有核潜艇的国家之一。1982年10月，我国成功由潜艇在水下发射潜地导弹。1985年年底至1986年年初，中国核潜艇成功地进行了最大自给力的试验，安全航行两万余海里，打破了美国"鹦鹉螺"号核潜艇最大自给力84天的纪录，显示了中国核潜艇良好的机动性、适航性、隐蔽性，以及动力系统运行稳定可靠等优点。1988年9月，中国海军核潜艇迎来了水下发射运载火箭的关键时刻。中国首次水下发射运载火箭试验宣告成功，标志着中国成为世界上第五个完全掌握了核潜艇水下发射技术的国家。这意味着中国的战略导弹可以在任何海域、任何时刻，打到世界的任何角落。中国从此拥有了自己的海上核反击力量。美联社对此评论说："中国核潜艇水下发射运载火箭试验成功，表明中国海军发生了质的变化，已经拥有发动海上进攻的能力。"法新社援引一位军事观察家的评论说："中国已成为世界上第五个拥有核潜艇水下发射战略导弹能力的国家，中国海军已不再是一支只能在近海巡逻的海岸警备队，中国的军事实力有了明显的加强。"

在海基核武库建设方面，094A型核潜艇通过加高导弹装载/发射舱，已经可以携带射程不小于10500km的"巨浪－2A"型潜射核导弹。094A型核潜艇本身也更换了与093B型核潜艇一样的新型反应堆，动力装置产生的噪声大幅降低。图4.1所示为093B型核潜艇发射最新的潜射巡航导弹的画面。

资料来源

征途，2007. 解放军新一代战略核潜艇即将服役 国外媒体炒作中国"二次核打击"能力 [J]. 国际展望 (9)：52-55.

孙洪军，李新英，2021. 科学决策谋大局 于无声处铸长剑：论中国首艘核潜艇的诞生 [J]. 江苏科技大学学报（社会科学版），21 (3)：1-8.

图 4.1　093B 型核潜艇发射最新的潜射巡航导弹

3. 结合章节

本案例适用于《大学物理学（上）》（第 5 版，赵近芳、王登龙主编，北京邮电大学出版社，2017 年）第 2 章第 2.3 节"动量　动量守恒定律　*质心运动定理"的教学。

4. 思政元素

核潜艇研制的艰辛过程铸就了伟大的核潜艇精神，集中反映了科研人员在特殊时代背景和历史环境下实现强国梦的迫切愿望。核潜艇精神是在核潜艇工程研制、试验、试用等艰苦卓绝的伟大实践中，伴随着一些新型武器装备的诞生形成的精神财富，反映了老一辈科学家坚定的理想信念和崇高的精神境界。通过本案例的教学，引导学生在爱国、求实、奉献、创新等方面不断提升自己，进一步增强责任感和使命感，努力成为新时代构建新发展格局，推动高质量发展的生力军。弘扬核潜艇精神有助于实现国家富强、民族振兴和人民幸福，学生应当继承并大力发扬核潜艇精神。

中国核潜艇是中国海军核潜艇部队的主力装备，是国家的战略利器，也是国家安全的重要保证。中国正是因为有了原子弹、核潜艇，才在国际上奠定了大国地位，才在国际事务中取得了举足轻重的发言权。

5. 课程思政教学目标

通过本案例的教学，使学生在掌握动量和动量守恒定律及其应用的同时，理解核潜艇精神内涵。核潜艇精神是在创建和发展我国海基核威慑和核反击力量实践中形成的宝贵精神财富，集中展示了海军核潜艇部队广大官兵牢记神圣使命、勇闯深海大洋的胆识、血性和豪情，生动诠释了党在新形势下强军目标的实践内涵。

6. 案例描述

世界上绝大多数潜射导弹都是冷发射的。潜射导弹主要有两种发射方式，一是水下垂直发射，二是采用鱼雷发射管进行发射。潜射导弹要从水和空气这两种介质中穿行。水下发射弹道导弹时，核潜艇会在 30m 水深处航行，此时导弹发射筒垂直装置于核潜艇内。另外，核潜艇在发射导弹之前会对导弹发射筒内部进行加压，而这种加压不仅能够让导弹发射筒内外的气压和水压相对平衡，让核潜艇能够顺利打开发射管的主防护盖，还能确保主防护盖打开以后，内部的防水覆盖膜不会因为外部的高水压而被彻底撕毁，从而确保在导弹发射之前，整个筒体内部依旧保持着良好的防水状态。确定导弹的射程及方向都需要精密的计算，这就离不开对物理学问题的分析。

核潜艇发射导弹的过程离不开动量守恒定律。在由核潜艇和导弹构成的质点系中，当确定导弹沿某方向的发射速度时，需要用到质点系动量和动量守恒定律的知识。通过本案例的讲解，引导学生思考导弹发射过程中的瞬间物理问题。同时，由教师分析并总结核潜艇发射导弹的原理，再次强调学习大学物理基础知识的重要性。

案例二

中华儿女的探月梦：嫦娥系列卫星

王良甚

1. 案例主题

从古至今，中国人都对月亮有着无数浪漫的想象。2004 年，我国首次月球探测工程（探月工程）正式立项，从嫦娥一号升空，到嫦娥五号携月壤返回，中国人一步步将"可上九天揽月"的神话变成了现实！探月工程是继人造地球卫星、载人航天之后，中国航天活动的第三个里程碑，使我国成为了世界上为数不多的具有深空探测能力的国家，这充分体现了我国综合国力和自主创新能力的显著提升。本案例会讲解嫦娥系列卫星轨道遵循的物理学原理：动量矩守恒定律。

2. 案例资料

中国探月工程采用绕月探测、落月探测和月球采样返回探测，即"绕、落、回"三步走的发展战略，每一步都是对前一步的深化，并为下一步奠定基础。

2007 年 10 月 24 日，我国发射第一个月球探测卫星嫦娥一号，它的卫星轨道线路如图 4.2 所示。嫦娥一号使我国获取了月表化学元素分布、矿物含量分布及近月空间环境的数据，填补了我国在探月领域的空白。

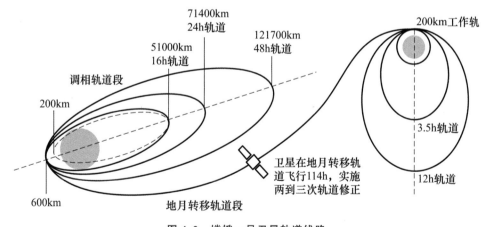

图 4.2 嫦娥一号卫星轨道线路

2010 年 10 月 1 日，我国发射了嫦娥二号。嫦娥二号运行在距月面 100km 高的极轨道上，主要完成两大任务：一是对新技术进行试验验证，对未来的预选着陆区进行高分辨率成像；二是获得更加丰富和准确的探测数据，深化对月球的科学认知。

2013 年 12 月 2 日，我国成功把嫦娥三号送入地月转移轨道。2013 年 12 月 14 日，嫦娥三号在月面软着陆，实现了我国首次对地球以外天体的软着陆。2013 年 12 月 15 日，嫦娥三号着陆器与巡视器互相拍照,使我国成为世界上第三个掌握落月探测技术的国家。

2018 年 12 月 8 日,嫦娥四号发射升空。2018 年 12 月 12 日,嫦娥四号完成近月制动,被月球捕获,成功进入环月椭圆轨道。2019 年 1 月 3 日,嫦娥四号着陆月球背面,着陆器与巡视器分离,开展了人类首次月球背面探测任务。

2020 年 11 月 24 日,嫦娥五号探测器成功发射。2020 年 11 月 29 日,嫦娥五号从椭圆环月轨道变为近圆形环月轨道。2020 年 12 月 1 日,嫦娥五号在月球正面预选着陆区着陆。2020 年 12 月 17 日凌晨,嫦娥五号返回器携带月球样品着陆地球。

资料来源

王琴,2019. 中国探月工程 [J]. 现代物理知识,31 (3):3-4.

索阿娣,2020. 环环相扣,嫦娥五号月球"取土"十一步 [J]. 太空探索 (12):8-12.

3. 结合章节

本案例适用于《大学物理学(上)》(第 5 版,赵近芳、王登龙主编,北京邮电大学出版社,2017 年)第 3 章第 3.4 节"刚体定轴转动的角动量定理和角动量守恒定律"的教学。

4. 思政元素

探索浩瀚宇宙、和平利用太空,是中华民族的千年梦想和不渝追求。2020 年 12 月 17 日凌晨,嫦娥五号返回器在闯过月面着陆、自动采样、月面起飞、月轨交会对接、再入返回等多个难关后,携带月球样品成功返回地面,我国探月工程"绕、落、回"完美收官。这一成就,凝结的是几代航天人的智慧和心血,依靠的是我们国家的综合实力,汇聚的是中国人民的整体力量,进一步增强了全国各族人民坚持和发展中国特色社会主义的决心和自信。

5. 课程思政教学目标

通过本案例的教学,让学生了解中国现在的飞速发展离不开无数前辈的努力,中国未来的发展同样离不开现代年轻人的努力。

6. 案例描述

太阳系中太阳和运动的行星的连线在相等的时间内扫过相同的面积,这就是开普勒第二定律,又称面积定律。在有心力作用下,天体的动量矩是守恒的。

卫星绕天体运动时,由于受到有心力的作用,其绕天体的力矩始终为零,故其绕行规律遵循动量矩守恒定律。

案例三

敏于观察、勤于思考：多普勒效应的发现与应用

王良甚

1. 案例主题

纵观人类科学技术的发展史，那些定律、定理的发现者、创立者，大多具有敏于观察、勤于思考的品格，他们善于从司空见惯的现象中发现问题，追根溯源，寻求真理。本案例介绍了多普勒效应的发现与应用。

2. 案例资料

1842 年的某一天，奥地利数学家、物理学家多普勒路过铁路交叉处时，一列火车从他身边疾驰而过。他发现火车由远至近时汽笛声变响，声调变高；而火车由近至远时汽笛声变弱，声调变低。他对这个物理现象产生了极大兴趣，并进行了深入研究，最终发现这是因为振源与观察者之间存在着相对运动，使观察者听到的声音频率不同于振源频率。汽笛声调的高低是由声波振动频率决定的，如果振动频率高，声调听起来就高；反之，声调听起来就低。声调的变化同振源与观察者间的相对速度和声速的比值有关。这一比值越大，改变就越显著，后人把这种现象称为多普勒效应。

大量的交通事故统计数据表明，多数交通事故是由超速行驶引起的。为了减少超速行驶引发的交通事故，交通管理部门会在易发生交通事故的路段安装利用多普勒效应来测量车速的雷达测速仪，如图 4.3 所示。

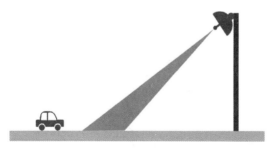

图 4.3 雷达测速仪工作示意图

在车道上方安装一台雷达测速仪，雷达就会向车道上发射一束固定频率的电磁波，再接收反射回来的电磁波，如果遇到移动物体（如机动车辆），则回波的频率与发射波的频率会出现差值，称为多普勒频移，可通过测量多普勒频移计算出目标与雷达的相对速度。

常规天气雷达只能测定云雨的空间位置、强弱分布、垂直结构等。多普勒天气雷达还能测定降水粒子的径向运动速度，从而推断降水实体速度分布、风场结构特征、垂直气流速度等，这对研究降水的形成、分析中小尺度天气系统、警戒强对流天气等都具有重要意义。

资料来源

方天凤,戎海靖,韩宁,2008. 漫谈雷达测速仪 [J]. 中国计量 (11): 50-51.

3. 结合章节

本案例适用于《大学物理学（上）》(第5版,赵近芳、王登龙主编,北京邮电大学出版社,2017年) 第6章第6.6节"多普勒效应 *冲击波"的教学。

4. 思政元素

法拉第曾经说过："没有观察,就没有科学,科学发现诞生于仔细的观察之中。"多普勒观察到火车汽笛声调的变化后,没有置之不理,而是勤于思考、勇于求证,凭借其严密的数学推导,发现了多普勒效应,为科学技术的进步做出了不可磨灭的贡献。

自然界中存在着无穷的奥妙,我们要有善于观察的眼睛和勤于思考的大脑,才能发现问题、解决问题,推动科学技术的不断进步。

5. 课程思政教学目标

通过本案例的教学,使学生认识到敏于观察、勤于思考的重要性。不仅科学家在推动科学发展的过程中要敏于观察、勤于思考,学生在学习、科研、竞赛中要想有所成就,也要做到敏于观察、勤于思考。

6. 案例描述

目前,多普勒效应在工程技术、天文物理、医疗诊断、气象预报、交通监测等方面都有着十分广泛的应用。如图4.4所示,c 为光速,设多普勒效应雷达测速仪向汽车发射的电磁波频率为 f_0、雷达接收汽车反射的电磁波频率为 f',通过将雷达向汽车发射的电磁波频率和雷达接收汽车反射的电磁波频率进行比较,能判断出汽车是接近还是远离,并准确计算出汽车的移动速度 v_0。通过讲解生活中的多普勒效应,引导学生养成敏于观察、勤于思考的科学素养。

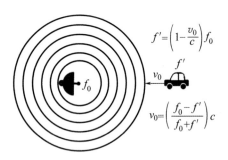

图 4.4 多普勒效应测速原理示意图

案例四

改革创新：青岛胶州湾大桥

徐仰彬

1. 案例主题

改革创新是社会发展的推动力，是一个民族进步的灵魂和精神支柱，是一个国家兴旺发达的不竭动力。我国在桥梁建设上所取得的成就让世界惊叹，这是我国科技飞速发展的体现，也是中国特色社会主义道路、理论、制度和文化优越性的体现。在各类大桥的设计环节中，"如何避免在通车或自然环境下产生强烈的桥体共振"是必须解决的问题。本案例将介绍受迫振动的基本知识及共振现象产生的原因。

2. 案例资料

塔科马海峡大桥（图 4.5）位于美国华盛顿州，横跨塔科马海峡，于 1940 年首度通车，但不到 5 个月便倒塌。倒塌的原因主要是其桥面厚度不足，在大风的吹袭下引起了卡门涡街，使桥身摆动；当卡门涡街的振动频率和吊桥自身的固有频率相同时，会使得桥剧烈共振，从而导致桥的崩塌。

图 4.5　塔科马海峡大桥及其倒塌时的图片

青岛胶州湾大桥（图 4.6）是一座横跨胶州湾的特大跨海大桥，东起青岛市崂山区海尔路，途经红岛，西至青岛市黄岛区红石崖。桥梁全长 36.48 km，于 2011 年 6 月正式通车。同年，青岛胶州湾大桥被美国《福布斯》杂志评为"全球最佳桥梁"，并于 2013 年获得乔治·理查德森奖。经过多年的运行，经历了台风、暴雨、高潮位、桥面负荷等诸多外力的作用，大桥仍然完好如初，稳定坚固。

图 4.6　青岛胶州湾大桥

资料来源

童智洋，2010. 新塔科马海峡大桥设计与施工 [J]. 世界桥梁，38（1）：1-4.

张莞君，迟万清，胡泽建，等，2015. 青岛胶州湾大桥建设对周边海域水动力环境影响的数值研究 [J]. 海岸工程，34（2）：40-50.

3. 结合章节

本案例适用于《大学物理学（上）》（第 5 版，赵近芳、王登龙主编，北京邮电大学出版社，2017 年）第 5 章第 5.5 节"阻尼振动　受迫振动　共振"的教学。

4. 思政元素

我们评价一项工作完成得怎么样，不是看干了多长时间，而是看怎么创新思路，突破产业、项目和发展制约。青岛胶州湾大桥是由我国自主设计、施工、建造的跨海大桥，其结构新颖、造型独特、美观大气，三座航道桥与蜿蜒的非通航孔桥、海上互通立交等共同谱写了一部气势磅礴的桥梁组曲，既与青岛市的城市及建筑风格相呼应，又富有时代气息。该桥已成为青岛市的标志性建筑之一，也是中国桥梁史辉煌的一页。

5. 课程思政教学目标

通过本案例的教学，坚定学生对中国特色社会主义的道路自信、理论自信、制度自信、文化自信；通过青岛胶州湾大桥和塔科马海峡大桥的对比，让学生深刻理解创新的重要性。

6. 案例描述

共振是指当外部作用力的振动节拍与物体本身的固有频率相同时，振幅急剧加大的现象。在建造桥梁时，应该使铁路桥梁的固有频率远离车轮撞击的频率，而且火车过桥时要减速慢行，以避免产生强烈振动的现象。

通常情况下，共振是会产生很大的破坏性的。教师在讲解本案例时可引导学生思考在建造桥梁时可能会出现哪些共振现象，以及如何避免发生这种共振现象。通过青岛胶州湾大桥和塔科马海峡大桥的对比，引导学生思考共振现象引起的严重的破坏性后果，告诫学生要善于抓住需要创新的重点工作，找准工作的切入点，实现重点突破；要善于发挥典型的示范作用，以点带面，推动整个社会的改革创新。

案例五

一方有难、八方支援：汶川大地震

庞　庆

1. 案例主题

"一方有难、八方支援"是中华民族的传统美德，是社会主义制度优越性的生动写照。党和国家是我们在灾难面前最大的依靠，中华儿女心连心、同呼吸、共命运。本案例通过讲解地震波传播能量的具体过程和基本原理，以及地震对地表产生的巨大破坏，展现地震面前中华儿女守望相助、患难与共、众志成城、战胜灾难的感人画面，激发学生灾难面前乐于奉献、勇于担当的社会责任感，培养学生爱国爱民的奋斗精神和家国情怀。

2. 案例资料

5·12汶川大地震，发生于北京时间2008年5月12日14时28分04秒，根据中国地震局的数据，此次地震的面波震级达8.0级。地震波及大半个中国及亚洲多个国家和地区，南至泰国、越南，西至巴基斯坦均有震感。5·12汶川大地震严重破坏地区超过100000km^2，其中，极重灾区共10个县（市），较重灾区共41个县（市），一般灾区共186个县（市）。5·12汶川大地震是中华人民共和国成立以来破坏力最大的地震，也是唐山大地震后伤亡最严重的一次地震。经国务院批准，自2009年起，每年5月12日为"全国防灾减灾日"。图4.7为地震波的传播示意图。

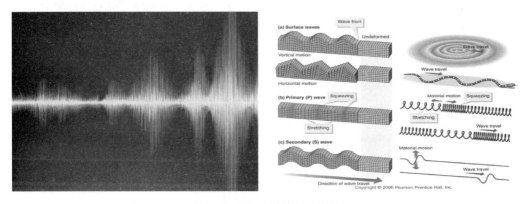

图 4.7　地震波的传播示意图

资料来源

胡聿贤，2006. 地震工程学 [M]. 2版. 北京：地震出版社.

黄润秋，李为乐，2008. "5.12" 汶川大地震触发地质灾害的发育分布规律研究 [J]. 岩石力学与工程学报，27 (12)：2585-2592.

3. 结合章节

本案例适用于《大学物理学（上）》（第 5 版，赵近芳、王登龙主编，北京邮电大学出版社，2017 年）第 6 章第 6.3 节"波的能量 *声强"的教学。

4. 思政元素

（1）时间就是生命，生命重于泰山。

灾情就是命令，时间就是生命。震后第一时间，党中央做出抗震救灾部署，党和国家领导人亲临现场指挥。10 多万救援部队，携带大批救灾物资，克服艰难险阻源源不断地向地震灾区聚集。为了打开生命通道，救援人员冒险向灾区进发，和时间赛跑，与死神抗争，向极限挑战，只要有一线希望，就尽百倍努力，不离不弃，奋力抢救废墟下的每一个生命，全力救治伤病员，精心转移安置幸存者，创造了一个又一个生命的奇迹，展示了人类难以想象的坚强意志。

（2）团结就是力量。

震区的灾情，牵动着全国人民的心。一方有难、八方支援，人人踊跃捐款，排队献血，个个伸出援助之手，献出一份爱心。全国人民心连心、同呼吸、共命运，凝聚成无坚不摧、战胜灾难的强大力量，诠释了同舟共济、共克时艰的伟大民族精神。中国人民勠力同心抗击这场特大灾难，也得到了国际社会的高度关注和多项援助。

5. 课程思政教学目标

通过本案例的教学，使学生在掌握地震波传播能量具体过程和基本原理的同时，深刻理解"一方有难、八方支援"这一中华民族传统美德的内涵，认识到灾难面前党和国家就是最大的依靠，中华儿女心连心、同呼吸、共命运。以此激发学生灾难面前乐于奉献、勇于担当的社会责任感，培养其爱国爱民的奋斗精神和家国情怀。

6. 案例描述

地震波发生于地下，通过岩土质点的弹性振动进行传播，当地震波传到地面附近，受震物体有了扩展空间，使浅部地层发生旋扭，使地面上的物体产生三维扭动，从而产生巨大的破坏性。

为什么来自地下很远的地震波能够在地表产生如此巨大的破坏？这可以用大学物理中机械波传播的知识解释。机械波的传播过程不仅是振动形式的传播过程，还是能量的传播过程。图 4.8 是机械波的传播过程示意图，图中 u 表示波速，v 表示传播路径上媒质质点的振动速度，$\frac{\Delta y}{\Delta x}$ 表示振动引起媒质质点的形变。在能量的传播过程中，任意一个媒质质点处的动能（W_k）和势能（W_p）总是同步变化，即 $W_k = W_p$。例如，图中 A 处媒质质点动能最

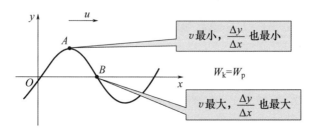

图 4.8　机械波的传播过程示意图

小，势能也最小；B 处媒质质点动能最大，势能也最大。

本案例以地震波作为例子来讲解机械波的传播，教师可引导学生思考地震波的类型及其破坏性，地震波的传播有没有导致地面及地面上固定的物体的普遍迁移等。对这些问题的思考将有助于学生深入理解机械波传播的基本性质。

案例六

文化自信：北京天坛回音壁

庞 庆

1. 案例主题

文化自信是一个国家、一个民族发展中最基本、最深沉、最持久的力量。中华民族历史悠久，孕育并创造了丰富灿烂的优秀文化，勤劳、充满智慧的古代人民展现出高超技艺，创造了许多举世瞩目的成就。本案例通过对驻波的学习，使学生了解天坛回音壁产生奇特回声现象的基本原理，继承和发扬古人不断进取、力求完美的创造精神，增强学生的文化自信。

2. 案例资料

北京天坛回音壁（图 4.9）就是皇穹宇的围墙，墙高 3.72m，厚 0.9m，直径 61.5m，周长 193.2m。回音壁的墙壁是用磨砖对缝砌成的，墙头覆着蓝色琉璃瓦。围墙的弧度十分规则，墙面极其光滑整齐，对声波的折射是十分规则的。只要两个人分别站在东、西配殿后，贴墙而立，一个人靠墙向北说话，声波就会沿着墙壁连续折射前进，传到一二百米外的另一端，无论说话声音多小，都可以让对方听得清清楚楚，而且声音悠长，堪称奇趣，给人营造了一种"天人感应"的神秘气氛，回音壁的名称由此而来。回音壁有回音效果的原因是皇穹宇围墙的建造暗合了声学的传音原理。围墙由磨砖对缝砌成，光滑平整，弧度柔和，有利于声波的规则折射。加之围墙上端覆盖着琉璃瓦，使声波不至于散漫地消失，更造成了回音壁的回音效果。

图 4.9　北京天坛回音壁

资料来源

王贵祥，2009. 北京天坛 [M]. 北京：清华大学出版社.

俞文光，周克超，吕厚均，等，1999. 我国四大回音建筑的声学现象研究 [J]. 黑龙江大学自然科学学报，16(4)：70-79.

3. 结合章节

本案例适用于《大学物理学（上）》(第 5 版，赵近芳、王登龙主编，北京邮电大学出版社，2017 年) 第 6 章第 6.5 节"驻波"的教学。

4. 思政元素

（1）不断进取，力求完美的创造精神。

古时的墙都是干打垒、土坯子，这种墙每年都得抹抹修修，会很麻烦，后来发展成做"丝缝活"，也就是现在的"磨砖对缝"。回音壁具有回音效果正是因为墙是磨砖对缝的，又刚好砌成了均匀的弧形，声音反射位置准确。虽然回音壁的回音纯属偶然，但是奇迹的发生总是离不开革新性的改变。正是古代人民高超的技艺和不断进取、开拓创新、力求完美的创造精神，才成就了这一举世瞩目的建筑奇观。北京天坛回音壁正是人类智慧在古建筑中的体现。

（2）传统文化的传承和发展。

作为中国古代建筑的典型，北京天坛回音壁反映出我国古代较高的建筑声学水平，是宝贵的历史文化遗产，是对中国古代建筑文化的传承和发展，是彰显文化自信的实物例证。它承载着中华民族的基因和血脉，在潜移默化中增强了国人对传统文化的自信。

5. 课程思政教学目标

通过本案例的教学，使学生掌握驻波的产生原因和特点，同时，引导学生了解天坛回音壁产生奇特回声现象的基本原理，继承和发扬古人不断进取、力求完美的创造精神。中国传统文化承载着中华民族的基因和血脉，呼吁学生大力弘扬和发展中国传统文化，增强文化自信。

6. 案例描述

频率相同、传输方向相反的两种波，在空间中进行相干叠加就会形成驻波。回音壁有回音效果的原因是皇穹宇围墙的建造暗合了声学的传音原理。

回音壁所产生的奇特的回音效果，也可以用大学物理的知识解释。当入射声波和反射声波在空间相遇后，声源到反射点的距离 L 与声波波长 λ 之间如果满足图 4.10 所示关系，便能在传播路径上形成驻波。

教师应在教学中引导学生思考当相同频率的入射波和反射波在空间相遇后会产生什么现象，并分析总结出驻波的特征和形成条件。

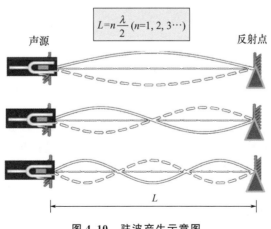

图 4.10　驻波产生示意图

案例七

追求卓越：中国高铁的发展

辛 红

1. 案例主题

中国高铁的发展已处于世界领先水平，四通八达的高铁给人民的出行带来了巨大的便利。中国高铁从弱到强、从追赶到超越的发展过程也是我国科技工作者学习消化、再创新的一步一步追求卓越的奋斗过程。高铁发展中的一项关键技术是高铁的发动机，而发动机的本质就是热机，本案例将介绍热机循环效率的计算方法及影响热机循环效率的因素。

2. 案例资料

2014 年，中国已具有世界先进水平的高铁，形成了比较完善的高铁技术体系。

2016 年 7 月 15 日，两列中国标准高速动车组以 420km/h 的速度在郑徐高铁高架桥上安全交会，标志着中国已全面掌握核心高铁技术。同时，中国中车在全球高铁市场占据 69% 的份额，成为世界高铁领跑者。

2017 年 6 月 26 日，"复兴号"动车组投入运营，装配了由中国自主研发的大功率绝缘栅双极晶体管；在中国标准动车组所采用的 254 项重要标准中，中国标准占 84%，国际兼容标准占 16%，不同列车可以重联运行。

2018 年 6 月 7 日，京沈高铁启动高速动车组自动驾驶系统现场试验。

资料来源

钱桂枫，蔡申夫，张骏，等，2019. 走近中国高铁 [M]. 上海：上海科学技术文献出版社.

张璐晶，2018. 亲历者王梦恕 高铁：中国制造的亮丽名片 [J]. 中国经济周刊（45）：36-37.

3. 结合章节

本案例适用于《大学物理学（上）》（第 5 版，赵近芳、王登龙主编，北京邮电大学出版社，2017 年）第 8 章第 8.5 节"循环过程 卡诺循环"的教学。

4. 思政元素

中国高铁由于它的高速、舒适和安全，极大地方便了人们的出行。改革开放四十多年来，中国高铁走出了一条独具特色的创新之路，推动中国在这一领域占据世界领先地位。它的飞速发展也展现了中华民族不屈不挠、追求卓越的新时代精神。正是中国建设者和科研人员勇往直前、开拓创新，解决了众多复杂的尖端技术问题，才使得中国高铁纵横交错、四通八达、穿山越岭、跨江跨河，高速而又安全地行驶在中国大地上。中国高铁是历史的奇迹，是民众的福祉，是国家的荣誉，它为我们的现代化建设带来了巨大的活力和动力。

5. 课程思政教学目标

本案例通过介绍中国高铁处于世界领先地位的成就及其给人民出行带来的便利,激发学生的民族自豪感和文化自信,以及对科技工作者的敬佩之情。而高铁的心脏就是发动机,发动机也是热机,由此引入热机问题,以启发式和问题引入式的教学方法为主,激发学生的求知欲,激励学生立志成为引领科技发展的工作者。

6. 案例描述

高铁的心脏是发动机,也是热机。引导学生思考:热机如何进行能量转换?它的热功转换效率是多少呢?

热机从高温热源吸热对外做功,同时又向低温热源放热,整个过程要遵守热力学第一定律和第二定律。

影响循环效率的因素有:高低温热源的温差和能量的损耗。

案例八

质疑求证：迈克耳孙干涉仪

辛 红

1. 案例主题

坚持不懈、质疑求证是做好实验的根本，也是做好其他事情的根本。正是迈克耳孙和莫雷坚持不懈、质疑求证的精神驱使他们利用迈克耳孙干涉仪拨开了19世纪末经典物理学天空中的乌云，为狭义相对论的基本假设提供了实验依据。本案例我们将沿着科学家的足迹学习迈克耳孙干涉仪的工作原理，以及他们证明以太不存在的过程。

2. 案例资料

经典物理学的发展让科学家认为光也必须有一个载体才能传播，而这种载体被称为"以太"。

1881年，迈克耳孙设计了一个精密的仪器，即后来的迈克耳孙干涉仪，迈克耳孙干涉仪的光路图如图 4.11 所示。其中，G_1 是半镀银镜，G_2 为尺寸和材质与 G_1 完全相同的补偿镜，M_1 和 M_2 是两个反射镜，M'_2 表示 M_2 对 G_1 半透膜所成的像。光从光源出发，经 G_1 分为 1 和 2 两束光线，再经 M_1 和 M_2 反射为 $1'$ 和 $2'$ 两束光线共同到达 T 处。当两个光速有一定光程差时，T 处会出现干涉条纹。为了保持仪器的水平，迈克耳孙把仪器放在水银槽上。

迈克耳孙认为，处于地球表面的以太也会因为地球的转动而运动，这样光在不同方向上传播的速度就会不同，如果把仪器转动 90°，观察转动前后干涉条纹的变化，必然会出现条纹的移动，移动的数值由前后两个位置中两束光的时间差决定。

然而，迈克耳孙和莫雷重复进行实验，但他们并没有观测到想要的实验现象，这也证明了"以太"是不存在的。

迈克耳孙和莫雷的实验是建立相对论的前奏。迈克耳孙也因此荣获 1907 年诺贝尔物理学奖。

资料来源

孟庆刚，2011. 迈克尔逊干涉仪的应用 [J]. 黑龙江科技信息（36）：62.
赵近芳，王登龙，2017. 大学物理学：下 [M]. 5 版. 北京：北京邮电大学出版社.

3. 结合章节

本案例适用于《大学物理学（下）》（第 5 版，赵近芳、王登龙主编，北京邮电大学出版社，2017 年）第 12 章第 12.6 节"迈克耳孙干涉仪"的教学。

4. 思政元素

时至今日，迈克耳孙干涉仪作为精密测量仪器的始祖，依然在科学界和工程中继续发挥

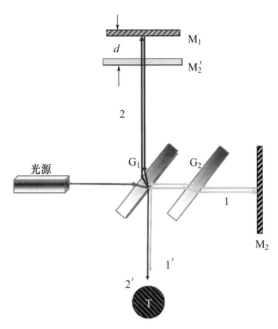

图 4.11　迈克耳孙干涉仪的光路图

着不可或缺的作用。也正是因为迈克耳孙和莫雷两位科学家坚持不懈、质疑求证的科学精神才使得迈克耳孙干涉仪在近代物理的发展过程中起到了至关重要的作用，为相对论的发展奠定了基础。

5. 课程思政教学目标

通过本案例的教学，引导学生在学习迈克耳孙干涉仪的结构和其工作原理时体会迈克耳孙设计干涉仪的巧妙之处和应用迈克耳孙干涉仪解决问题的智慧，培养耐心和恒心，注重对细节的设计和思考。

6. 案例描述

迈克耳孙干涉仪的原理是一束入射光经过分光镜分为两束后各自被对应的平面镜反射回来，因为这两束光频率相同、振动方向相同且相位差恒定（即满足干涉条件），所以能够发生干涉。干涉中两束光的不同光程可以通过调节干涉臂长度及改变介质的折射率来实现，从而能够形成不同的干涉图样。迈克耳孙干涉仪是通过光的干涉原理制成的光学精密仪器，两束光进行干涉时，最终的干涉结果由两束光的光程差来决定。

教师在教学过程中，要注意引导学生思考迈克耳孙干涉仪是如何利用光的干涉原理进行测量的。

案例九

追求真理、勇于创新、具有探索精神的科学观：静电场理论的建立过程

郝劲波

1. 案例主题

本案例通过讲解科学家们前赴后继建立静电场理论的过程，以科学思维为融入点，引导学生学习科学家们追求真理、勇于创新、具有探索精神的科学观。

2. 案例资料

人类对电的认识最早来源于摩擦起电和雷电。随着研究的深入，人们逐渐认识到，一切电现象都与电荷的存在或电荷的运动相关。在此期间，以库仑、高斯、法拉第、麦克斯韦等为代表的科学家们对于静电场理论的建立做出了重要贡献。

法国物理学家库仑由实验得出了描述静止点电荷相互作用力的库仑定律，阐明了带电体相互作用的规律。库仑定律是电学发展史上的第一个定量规律，是电磁学和电磁场理论的基本定律之一，为电磁学的发展奠定了基础。

德国物理学家、数学家高斯从库仑定律导出了高斯定理，指出通过任意封闭曲面的电位移通量只取决于该封闭曲面内自由电荷的代数和。高斯定理是静电场的基本定理之一，描述了静电场是有源场这一特性。

英国物理学家法拉第提出了电场的概念，并引入电场线的概念来解释电现象，他对静电感应进行了研究，并将其应用到了法拉第笼上。法拉第发现了电磁感应现象，奠定了电磁学的基础，他还发明了人类历史上第一台发电机和第一台电动机。

英国物理学家、数学家麦克斯韦是经典电动力学的创始人，他预言了电磁波的存在，并指出光是电磁波的一种形式，麦克斯韦方程组将电磁场理论用简洁、对称、完美的数学形式表达出来。

正是科学家们前赴后继的努力，使得静电场理论乃至电磁场理论得以建立，对科学的发展、技术的进步和社会的文明起到了重要的作用。

3. 结合章节

本案例适用于《大学物理学（下）》（第 5 版，赵近芳、王登龙主编，北京邮电大学出版社，2017 年）第 9 章第 9.1 节"电场　电场强度"的教学。

4. 思政元素

每一个科学概念的形成，每一个科学定律的建立，每一个科学体系的完善，乃至所有重大科学发现，都经过了许多科学家前赴后继的艰苦努力，汇聚了许多人的研究成果。静电场理论的建立过程也是如此，这是引导学生形成追求真理、勇于创新、具有探索精神的科学观

的很好的案例。

5. 课程思政教学目标

通过本案例的教学，使学生了解物理概念和定律形成的过程，掌握其逻辑体系，更重要的是使学生学习科学家不畏艰险、追求真理、勇于创新、严谨治学的科学精神，引导学生形成正确的人生观和价值观。

6. 案例描述

在课前采用同伴教学法，让学生分组交流有关静电场建立过程的内容，了解学生课前准备的情况。通过本案例的教学，锻炼学生归纳问题、分析问题的能力，激发学生学习的兴趣，培养学生的创造性思维和批判性思维。

在授课阶段，教师对学生的学习情况进行点评和分析，本案例重点讲授以下几项内容。

（1）人们对电现象的最早认识：摩擦起电和雷电。

（2）近代科学对电现象的认识：一切电现象都与电荷的存在或电荷的运动相关。

（3）库仑、高斯、法拉第、麦克斯韦等科学家的生平以及他们对于静电场理论的贡献。

案例十

从简单到复杂，从特殊到一般：
静电场中的高斯定理

郝劲波

1. 案例主题

通过介绍高斯定理从简单到复杂、从特殊到一般的推导过程，以科学思维为融入点，引导学生学习科学家们的系统思维、创新思维和辩证思维。

2. 案例资料

高斯是德国物理学家、数学家，享有"数学王子"的美誉，长期从事数学研究并将数学应用于物理学、天文学等领域。在物理学领域，他利用几何学知识研究光学系统近轴光线行为和成像，建立了高斯光学；结合实验数据的测算，发展了概率统计理论和误差理论，发明了最小二乘法，引入高斯误差曲线；创立了电磁量的绝对单位制，发明了第一台电磁发报机。

静电场的高斯定理表述为：真空中的任何静电场中，通过一个闭合曲面的电通量与曲面内所包围的电荷量成正比。高斯定理是静电场的基本定理之一，反映了静电场是有源场这一基本性质，是麦克斯韦方程组的组成部分。它是在库仑定律的基础上得出的，但应用范围比库仑定律更为广泛，利用高斯定理可以方便地求解具有一定对称性电场的电场强度，高斯定理也可以应用于有导体或电介质存在时的静电场。

3. 结合章节

本案例适用于《大学物理学（下）》（第5版，赵近芳、王登龙主编，北京邮电大学出版社，2017年）第9章第9.2节"电通量　高斯定理"的教学。

4. 思政元素

高斯定理的推导过程，是一种从简单到复杂、从特殊到一般的认识问题的科研思路和科学方法。通过对科学研究过程的逐步呈现和科学研究结果的凝练，引导学生体会由因及果的科研逻辑和从特殊到一般的科研思路，这是引导学生形成刨根问题、孜孜不倦的科研探索精神，树立正确科学观的很好的案例。

5. 课程思政教学目标

在本案例的教学中，应注重物理学逻辑特色对学生思维能力的培养，使学生认识到在学习、工作和生活当中，要善于分析解释、归纳总结，应用循序渐进的方法，从简单到复杂、从特殊到一般，这样往往可以取得事半功倍的效果。

6. 案例描述

在课前采用同伴教学法，让学生分组交流课前预习的高斯生平成就，了解高斯定理的重要意义等内容，思考科学家发现问题、解决问题的方法。通过本案例的教学培养学生的创新思维，以及跨学科的交流、渗透和借鉴能力，引导学生形成正确的科学观。

在授课阶段，教师对学生的学习情况进行点评和分析，本案例重点讲授以下几项内容。

（1）通过图片及视频讲解高斯的生平和主要贡献。

（2）利用从特殊到一般的方法，讲解高斯定理的证明过程。

（3）讲解高斯定理在电磁学理论中的重要意义。

（4）讲解高斯定理在电场强度求解问题中的应用。

在课程思政拓展阶段，进行师生互动，通过对高斯定理内容的总结，引导学生认识到，在处理实际问题的时候，应用循序渐进的方法，可以更有效率地完成任务。

案例十一

增强科学素质,培养科学思维:静电感应与静电平衡

郝劲波

1. 案例主题

本案例通过对静电感应和静电平衡的概念进行讲解,结合在生活中的应用实例,以精神追求为融入点,引导学生学习科学家们的梦想精神、工匠精神、科学精神。

2. 案例资料

通过讲解静电感应及静电平衡的概念,以及静电平衡时电荷的分布,引出静电屏蔽、尖端放电等静电感应现象,讲解静电感应在现代生活中的应用,如避雷针、静电屏蔽等,如图 4.12 所示。

  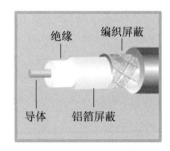

图 4.12 静电感应在现代生活中的应用

可以通过上述图片讲解静电感应在现代生活中一些应用的例子,同时,讲解法拉第笼的原理,引导学生对手机信号屏蔽、燃气灶电子打火、冬天手碰门把手放电等日常现象进行探究,加深学生对于静电感应的认识和理解。

在此基础上,将讲解内容从金属导体拓展到半导体和超导体,超导是物理学应用的前沿,在科学研究、信息通信、能量存储、航空航天等领域有着重要的应用前景。讲解中国高温超导研究的奠基人之一赵忠贤的研究成果,引导学生学习科学家的科研精神。

3. 结合章节

本案例适用于《大学物理学（下）》（第 5 版，赵近芳、王登龙主编，北京邮电大学出版社，2017 年）第 9 章第 9.5 节"静电场中的导体"的教学。

4. 思政元素

通过讲授静电感应和静电平衡的物理概念和应用，激发学生的想象力，增强学生的科学素质，培养他们的科学思维。通过讲授静电除尘的应用，引导学生形成协调、可持续的科学发展观；通过对尖端放电的利弊分析，引导学生形成辩证唯物主义世界观；通过介绍中国科学家赵忠贤在高温超导方面的科研工作，引导学生形成科研自信和民族自豪感。

5. 课程思政教学目标

通过本案例的教学，使学生认识到理论与实际联系的重要性，建立物理与技术、社会和环境的联系，引导学生正确认识事物的两面性，增强学生学习的获得感和成就感，培养学生形成关注科技前沿的习惯，以及追求科学真理的探索精神。

6. 案例描述

在课前采用同伴教学法，让学生分组交流课前查阅的静电感应和静电平衡在现代生活中的应用内容，从而使学生思考科学家在其中发现问题、解决问题的方法，思考理论联系实际的重要性。通过本案例的教学，培养学生的创新思维，理论联系实际的能力，解决实际问题的能力；培养学生追求真理，学习科学家的科学精神、工匠精神，学会认识问题、分析问题，找到解决问题的途径，增强学生的科学素质。

在授课阶段，教师对学生的学习情况进行点评和分析。本案例重点讲授以下几项内容。

（1）讲解静电场中导体的静电感应与静电平衡的概念与原理。

（2）通过图片及视频讲解静电感应在现代生活中的应用，比如避雷针、静电屏蔽等，加深学生对理论与实际联系的认识。

（3）关注科技前沿，讲解赵忠贤等中国科学家在高温超导方面的研究成果。

在课程思政拓展阶段，进行师生互动，通过讲解静电感应和静电平衡原理及其在实际中的应用，引导学生建立理论联系实际的思维，增强学以致用的能力，形成辩证唯物主义世界观，激发学生的想象力，增强学生的科学素质。

案例十二

饮水思源,不忘初心:静电场中的电荷

郝劲波

1. 案例主题

通过对真空中的静电场是有源场、电荷能够激发静电场、电荷是静电场的源头的讲解,以饮水思源为融入点,使学生树立自身的努力和奋斗是成功源泉的信念,不忘初心,打牢基础,共筑中国梦。

2. 案例资料

物体有能够吸引轻小物体的性质,即物体带有电荷,如图 4.13 所示。电荷是电学中最基本的概念,是物质的基本属性之一。任何物体本身都带有电荷,不存在不依附物质的"单独电荷",摩擦起电是人们对电荷最早的认识。自然界中存在正、负两种电荷,电荷电量具有量子性:

$$Q=ne$$

其中,$e=(1.6021892\pm0.0000046)\times10^{-19}$ C,并且电荷的电量与运动状态无关。

同种电荷互相排斥,异种电荷相互吸引,电荷可以分离、可以中和、可以转移,但是不能被创造,也不能被消灭,带电体上剩余电荷显示电性。电荷守恒定律是物理学中的基本定律之一,在宏观过程和微观过程中均成立,可以表述为:一个孤立系统,在任何物理过程中,电荷的代数和都是守恒的。电荷能够在其周围空间激发电场,电场可以对处于其中的其他电荷产生作用力,电荷是静电场的源头。点电荷的电场如图 4.14 所示。

图 4.13 摩擦后的物体可以吸引小纸片

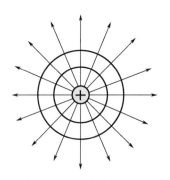

图 4.14 点电荷的电场

3. 结合章节

本案例适用于《大学物理学(下)》(第 5 版,赵近芳、王登龙主编,北京邮电大学出版社,2017 年)第 9 章第 9.1 节"电场 电场强度"的教学。

4. 思政元素

通过讲授静电场中电荷的基本性质、电荷能够激发静电场等内容,引申到饮水思源,讲述共产党人不忘初心的奋斗历程。通过讲授电荷守恒定律等内容,引申出尊重科学规律、认清事物本质的重要性,提升学生的学习兴趣和科学素养,激发他们的奋斗精神和爱国热情。

5. 课程思政教学目标

通过本案例的教学,使学生树立自身的努力和奋斗是成功源泉的信念;激发学生的学习兴趣和爱国热情,为实现中华民族伟大复兴的中国梦贡献自己的力量。

6. 案例描述

在课前采用同伴教学法,让学生分组交流课前查阅的静电场中电荷的基本性质、电荷守恒定律、电荷是静电场的源头等内容。通过本案例的教学,引导学生思考尊重科学规律、理解物理学基本知识的重要性。

在授课阶段,教师对学生的学习情况进行点评和分析。本案例重点讲授以下几项内容。

(1) 通过视频讲解摩擦起电和电荷之间的相互作用,引发学生的思考。

(2) 讲解电荷能够激发静电场、电荷是电场的源头,激发学生的学习兴趣。

(3) 讲解电荷守恒定律及其重要意义。

案例十三

理性思维、勇于探究的科学精神：磁流体

高树理

1. 案例主题

本案例利用磁场理论解释神秘的磁流体现象，引导学生形成理性思维和勇于探究的科学精神。

2. 案例资料

磁流体由磁性颗粒、基液和表面活性剂组成。一般以四氧化三铁、三氧化二铁、镍、钴等作为磁性颗粒，以水、有机溶剂、油等作为基液，以油酸等作为表面活性剂防止团聚。磁流体具有液体的流动性和固体的磁性，这使得磁流体呈现出许多特殊的磁、光、电现象，如法拉第效应、双折射和二色性等。这些性质在光调制、光开关、光隔离器和传感器等领域有着广阔的应用。

磁流体在磁场的作用下形成了丰富的微观结构，这些微观结构对光产生了不同的影响，能在很大的程度上改变光的透射率和折射率，产生法拉第旋转、克尔效应等。磁流体这种在磁场中的特性可以用在磁光开关、磁光隔离器、磁光调制器等方面。

磁流体力学是结合经典流体力学和电动力学的方法，研究导电流体和磁场相互作用的学科。它包括磁流体静力学和磁流体动力学两个分支。磁流体静力学研究导电流体在磁场力作用下静平衡的问题；磁流体动力学研究导电流体与磁场相互作用的动力学或运动规律。磁流体力学通常指磁流体动力学，而磁流体静力学则通常被看作磁流体动力学的特殊情形。

导电流体包括等离子体和液态金属等。等离子体是电中性电离气体，含有足够多的自由带电粒子，所以它的动力学行为受电磁力支配。宇宙中的物质几乎都是等离子体，但对地球来说，除大气上层的电离层和辐射带是等离子体外，地球表面附近（除闪电和极光外）一般不存在自然状态的等离子体，但可通过气体放电、燃烧、电磁激波管、相对论电子束和激光等方法产生人工等离子体。

能应用磁流体力学处理的等离子体温度范围颇宽：从磁流体发电的几千度到受控热核反应的几亿度（还没有包括固体等离子体）。因此，磁流体力学同物理学的许多分支，以及核能、化学、冶金、航天等技术科学都有联系。

资料来源：

翁兴园, 1998. 磁流体技术及应用的发展现状与未来 [J]. 磁性材料及器件, 29 (6): 35–39.

许孙曲, 许菱, 1995. 磁流体研究的若干新成果 [J]. 磁性材料及器件 (2): 23–28.

3. 结合章节

本案例适用于《大学物理学（下）》（第 5 版，赵近芳、王登龙主编，北京邮电大学出版

社，2017年）第10章第10.2节"磁场 磁感应强度"的教学。

4. 思政元素

磁流体作为一种特殊的功能材料，是把纳米数量级（十纳米左右）磁性颗粒包裹成一层长链的表面活性剂，再均匀地分散在基液中形成的一种均匀稳定的胶体溶液。通过介绍磁流体的有趣磁现象，引导学生形成理性思维和勇于探究的科学精神。

5. 课程思政教学目标

通过对磁流体现象的讲授，使学生了解物理概念和物理定律形成的过程，掌握其逻辑体系，更重要的是引导学生形成理性思维和勇于探究的科学精神。

6. 案例描述

介绍磁流体具有液体流动性和固体磁性的特点，以及磁流体呈现出的许多特殊的磁、光、电现象，如法拉第效应、双折射和二色性等。激发学生学习科学家追求真理、勇于创新的科学精神，引领学生形成正确的人生观。

案例十四

民族的人文底蕴：地球磁场逆转

高树理

1. 案例主题

利用磁场的基本理论解释《梦溪笔谈》中提到的地球磁场逆转现象，展示我国深厚的民族人文底蕴，增强同学们的民族自豪感；激发学生的科学精神、责任担当；引领学生形成正确的人生观和价值观。

2. 案例资料

地球表面任一点的磁子午圈同地理子午圈的夹角为地磁偏角，磁针的 N 极向东偏则磁偏角为正，向西偏则磁偏角为负。《梦溪笔谈》中写有"方家以磁石摩针锋，则能指南，然常微偏东，不全南也。"这一句就描述了该现象。由于地磁极不断变动，所以地磁偏角会随地点的变化而变化，同一地点的地磁偏角的大小也会随着时间的推移而不断改变。

德国地学研究中心的科学家通过对从黑海打捞上来的沉积物岩芯进行分析发现，在大约 41000 年前，地球的磁场曾经发生过快速的完全逆转。

这样的后果是，地球几乎完全丧失了对高能宇宙射线的防护功能，导致地面经受了更多的宇宙射线辐射。在这之前，有科学家通过在对法国中部高原地区的一个名为拉尚的小村庄附近的岩浆流进行磁性分析发现，岩浆中冻结的磁场线的方向与那时的相反，这被称为"拉尚事件"。然而，来自法国中部高原地区的数据仅仅代表冰河时期的一些情况，还不够全面。来自黑海的新数据则能给予我们一幅完整的地球磁场变迁的高时间分辨率图像。

资料来源：

江征涛，2000. 地球磁场方向改变和磁极逆转之谜［J］. 上海科学生活（4）：22.

吕翎，李钢，欧永成，2001. 地磁场逆转的随机性［J］. 辽宁师范大学学报（自然科学版）（2）：133-135.

3. 结合章节

本案例适用于《大学物理学（下）》（第 5 版，赵近芳、王登龙编，北京邮电大学出版社，2017 年）第 10 章第 10.2 节"磁场 磁感应强度"的教学。

4. 思政元素

通过讲解我国古人对地球磁场逆转的记录，展示我国深厚的民族人文底蕴，增强同学们的民族自豪感。通过介绍德国地学研究中心的研究成果，介绍地球磁场逆转会导致的灾难性后果，激发学生的科学精神和责任担当。

5. 课程思政教学目标

使学生了解磁场概念和地球磁场逆转现象，掌握其逻辑体系，更重要的是激发学生的科学精神和责任担当，引领学生形成正确的人生观和价值观。

6. 案例描述

地磁极不断变动，所以地磁偏角也会随地点的变化而变化，即使在同一地点，地磁偏角大小也会随着时间的推移而不断改变，甚至地磁极会反转，也就是所谓的地球磁场逆转（图 4.15）。应用稳恒磁场理论解释地球磁场逆转，激发学生的科学精神和责任担当，引领学生形成正确的人生观和价值观。

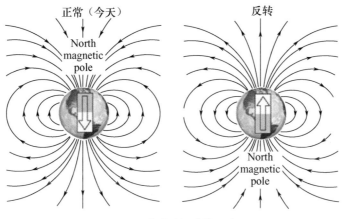

图 4.15　地球磁场逆转示意图

案例十五

科学底蕴、民族自豪感：粒子对撞机

高树理

1. 案例主题

本案例利用带电粒子在磁场中的运动原理，解释粒子对撞机的工作原理。展示我国深厚的科学底蕴，增强学生的民族自豪感，引领学生形成正确的人生观和价值观。

2. 案例资料

在中国科学院高能物理研究所里，物理学家们正在设计世界上最大的"粒子对撞机"。如果建成，这个周长达 100km 的装置将使欧洲核子研究中心的 27km 大型强子对撞机（large hadron collider，LHC）相形见绌，而且造价只有其一半左右。

这项耗资 300 亿元的大科学装置名为环形正负电子对撞机（circular electron positron collider，CEPC），是中国科学院高能物理研究所所长王贻芳的心血结晶。自从 2012 年在大型强子对撞机上发现名为希格斯玻色子的基本粒子以来，王贻芳一直在主导推进该项目开展。

环形正负电子对撞机将通过撞击电子及其对应反物质正电子来产生希格斯玻色子。由于它们都是基本粒子，所以它们的碰撞结果比大型强子对撞机的质子-质子碰撞结果更干净，也更容易破译。一旦这一装置在 2030 年前后开放使用，物理学家就能在更精确的水平上研究这一神秘粒子及其衰变过程。

中国科学院高能物理研究所发布了具有里程碑意义的报告，对该对撞机的建造蓝图进行了规划。初期研发经费主要来自中国政府，但设计工作由全世界的物理学家合作完成，团队希望能从全球范围内获得资助。建造蓝图显示，中国的环形正负电子对撞机将在地下 100m 处的一个"大圈"中运行，并安装两个探测器。在其十年设计寿命结束时，环形正负电子对撞机可以升级为质子对撞机，设计运行能量将达到大型强子对撞机峰值能量的七倍。

资料来源：

陈明水，李衡讷，李玉峰，等，2019. 2018 年粒子物理学热点回眸［J］. 科技导报，37(1)：6 - 15.

岳崇兴，张纳倩，于海湄，2020. 高能对撞机实验之未来发展趋势［J］. 辽宁师范大学学报（自然科学版），43 (1)：27 - 32.

3. 结合章节

本案例适用于《大学物理学（下）》（第五版，赵近芳、王登龙编，北京邮电大学出版社，2017 年）第 10 章第 10.5 节"磁场对运动电荷的作用"的教学。

4. 思政元素

中国科学院高能物理研究所正在设计世界上最大的"粒子对撞机"，周长达 100km。这展示了我国深厚的科学底蕴，可以增强学生的民族自豪感。

5. **课程思政教学目标**

通过对粒子对撞机相关的历史进程与科学意义的讲授，使学生了解前沿科学，掌握其基本物理理论，学习科学家不畏艰险、追求真理、勇于创新、严谨治学的科学精神，引领学生形成正确的人生观和价值观。

6. **案例描述**

回旋加速器中带电粒子在电场力的作用下加速，然后进入磁场，洛伦兹力使其运动方向改变，转过180°，再次进入电场。这时电场方向也会发生改变，使带电粒子再次加速，穿过另一个磁场转过180°，再次回到电场（图4.16）……如此对带电粒子反复循环加速，达到对粒子加速的目的。应用回旋加速器理论解释"粒子对撞机"的工作原理，展示我国深厚的科学底蕴，增强学生的民族自豪感，引领学生形成正确的人生观和价值观。

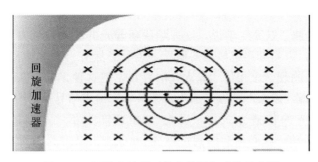

图 4.16　回旋加速器对带电粒子加速的示意图

案例十六

严谨求实、勇于创新：光速

陈长城

1. 案例主题

通过介绍迈克耳孙、莫雷等科学家前赴后继地探索光速的相关理论的过程，引导学生形成系统思维、创新思维、辩证思维。

2. 案例资料

19世纪流行着一种"以太"学说，这一学说随着光的波动理论发展起来。那时，由于对光的本性知之甚少，人们套用机械波的概念，想象必然有一种能够传播光波的弹性物质，名字叫"以太"。许多物理学家相信"以太"的存在，把这种无处不在的"以太"看作绝对惯性系，用实验去验证"以太"的存在成为许多科学家追求的目标。

当时，人们认为光的传播介质是"以太"。由此产生了一个新的问题：地球以每秒30km的速度绕太阳运动，就必然会遇到每秒30km的"以太风"迎面吹来，同时，它也必然对光的传播产生影响。如果存在"以太"，则当地球穿过"以太"绕太阳公转时，在地球通过"以太"运动的方向测量的光速，应该大于在与运动垂直方向测量的光速。

1887年，迈克耳孙和莫雷进行了严谨求实的实验，测量地球在"以太"中的速度（即"以太风"的速度）。迈克耳孙和莫雷将干涉仪装在十分平稳的大理石上，并让大理石漂浮在水银槽上，使之可以平稳地转动。当整个仪器缓慢转动时连续读数，仪器的精确度为0.01%，即能测到1/100条纹移动。迈克耳孙和莫雷设想：如果让仪器转动90°，干涉条纹应发生移动，从实验中测出条纹移动的距离，就可以求出地球相对"以太"的运动速度，从而证实"以太"的存在。但实验结果未发现任何条纹发生移动。这个实验被称为迈克耳孙-莫雷实验，其实验装置图如图4.17所示。

图4.17 迈克耳孙-莫雷实验装置图

此后，多位科学家在不同地点、不同时间多次重复了迈克耳孙-莫雷实验，并且应用各种手段对实验结果进行验证，精度不断提高。除光学方法外，还有使用其他技术进行的类似实验，所得都是未发现任何条纹发生移动。综合各种实验结果，基本可以判定地球不存在相对"以太"的运动。

迈克耳孙-莫雷实验对相对论有重要贡献。爱因斯坦认为：地球相对于光媒质运动的实验结果，成功地说明了不仅力学实验，光学和电磁学的实验也无法测知地球的绝对运动。从而把力学的相对性原理推广到整个物理学，成为一个普遍的原理。

资料来源：

董书平，颜期增，1998. 迈克耳逊-莫雷实验的解释及意义［J］. 安徽教育学院学报（自然科学版）（1）：20－22.

王海英，胡艳春，张克磊，等，2013. 试论基于光速测量培养科学精神的教学探索［J］. 教育教学论坛（16）：61－62.

3. 结合章节

本案例适用于《大学物理学（上）》（第5版，赵近芳、王登龙编，北京邮电大学出版社，2017年）第4章第4.2节"狭义相对论产生的实验基础和历史条件"的教学。

4. 思政元素

迈克耳孙和莫雷用物理实验证明了光速在不同惯性系和不同方向上都是相同的，由此否认了"以太"的存在，从而动摇了经典物理学基础，成为近代物理学的一个开端。

光速是自然界中的极速，它作为一个物理基本常量，对精确的测量，对科技的发展具有举足轻重的作用。直到现在，很多优秀的科学家仍然在孜孜不倦地追求着如何精确计算光速的数值。科技的稳步发展需要科学精神，生产力的长足进步需要科学精神，因此很有必要从培养学生的基本科学素养着手，培育大量拥有科学精神的高层次人才。

5. 课程思政教学目标

通过本案例的学习，引导学生从研究方法、因果关系等方面进行类比，得出科学规律，培养学生的科学逻辑能力；激发学生的想象力，培养学生的创新思维、跨学科的交流和借鉴能力，引导学生形成正确的科学观和辩证唯物主义的世界观；引导学生形成严谨求实、勇于创新的科学精神。

6. 案例描述

教师在讲解的过程中，要注意在列举诸多光速的测量方法的同时，进行对比性的详细讲述，让学生具体了解科学家们的科学精神，引导学生从系统思维、创新思维、辩证思维的培养过程中自我思考、勇于创新，形成细致严谨的工作作风。

本案例是对学生课程学习的补充，让学生对为什么进行课程学习有全新的认识，对所要完成的学习目标有更明确的定位，让学生更清楚地认识"为什么学、学什么、怎么学"，为培养具有科学精神的高层次人才奠定基础。

案例十七

科学的进步源于知难而上的科学精神：量子物理学的诞生——黑体辐射

张欣会

1. 案例主题

自然科学引导科技进步，科技进步推动人类发展。本案例通过讲解黑体辐射的研究过程，培养学生的科学探索精神和创新思维，以及科学看待问题和解决问题的能力。

2. 案例资料

量子的概念是普朗克在研究黑体辐射时提出来的。什么是黑体辐射呢？

实验证明，任何物体在任何温度下都在不断地向周围空间发射电磁波，其波谱是连续的。室温下，物体在单位时间内辐射的能量很少，辐射能大多分布在波长较长的区域。随着温度升高，物体在单位时间内辐射的能量迅速增加，辐射能中短波部分所占比例逐渐增大。这种由其温度所决定的电磁辐射称为热辐射。

通常情况下，物体在辐射电磁波的同时，也会吸收投射到物体表面的电磁波。如果物体能够全部吸收各种波长的辐射能，而完全不发生反射和透射，我们就称其为黑体。理想的黑体在自然界中并不存在，人们在实验室中用不透明材料制成的带有小孔的空腔物体可以近似作为黑体的模型，可由此得到黑体辐射的实验曲线。

19世纪末，物理学家们都试图在经典物理学的基础上得到与实验曲线吻合的函数关系式，其中最著名的是维恩公式和瑞利-金斯公式。维恩公式在短波部分和实验曲线吻合得很好，但在长波部分相差较大；瑞利-金斯公式在长波部分与实验曲线吻合，但在短波部分，随着波长的减小，理论结果会趋于无穷大。这一荒谬的结果，被称为"紫外灾难"。

科学难题面前知难而上的科学精神推进着科学进步，物理学家们做出了巨大努力，提出各种理论模型。最终，在引入能量量子化假设后，物理学家们得到了一个和实验结果非常吻合的纯粹的经验公式，在长波部分渐近瑞利-金斯公式，在短波部分渐近维恩公式。新的辐射公式虽然仅仅是一个侥幸揣测出来的内插公式，但能够被证明是绝对精确的，它突破了经典物理学能量连续取值的观念，提出微观粒子具有分离的能量值，打开了人们认识微观世界的大门。

资料来源：

程守洙，江之永，2016. 普通物理学：下册 [M]. 7版. 北京：高等教育出版社.
吴百诗，2009. 大学物理：第三次修订本B：下册 [M]. 西安：西安交通大学出版社.
张三慧，2015. 大学物理学：C7版：下册 [M]. 3版. 北京：清华大学出版社.

3. 结合章节

本案例适用于《大学物理学（下）》（第 5 版，赵近芳、王登龙编，北京邮电大学出版社，2017 年）第 15 章第 15.1 节"黑体辐射　普朗克量子假设"的教学。

4. 思政元素

19 世纪末，黑体辐射的实验曲线成为当时的一道科学难题，很多物理学家都致力于解决这个难题，提出了很多假设和理论公式。难题面前，物理学家们没有退缩，而是秉承科学精神，想尽办法，艰难前行。维恩公式和瑞利-金斯公式是与实验曲线分别在短波和长波部分最为吻合的两个公式。科学家大胆假设能量量子化，得出了短波部分与维恩公式吻合，长波部分与瑞利-金斯匹配，并与实验曲线非常吻合的纯经验公式，突破了经典物理学的极限，打开了量子物理学的大门，迎来了崭新的量子世界。

5. 课程思政教学目标

通过本案例的教学，使学生领悟到科学的道路必然困难重重，要想有创新、有突破，必须迎难而上，不惧失败；使学生学习物理学家们在黑体辐射难题面前所表现出来的知难而上的科学精神，以及勇于创新的科学品质。

6. 案例描述

（1）引出主题。

针对自然界的现象——热辐射，向学生提问：太阳可以发光，白炽灯可以发光，我们人可以发光吗？引导学生进行讨论，最终得出结论：一切有温度的物体都可以辐射电磁波。

（2）基本知识概念。

通过对热辐射和吸收的解释，引出黑体的概念，并给出黑体辐射实验曲线。

（3）实验曲线引发的科学探索。

引出维恩公式、瑞利-金斯公式、纯经验公式。

（4）思政案例引入。

难题面前物理学家们秉承科学精神，想尽办法，艰难前行。维恩公式和瑞利-金斯公式是与实验曲线分别在短波和长波部分最为吻合的两个公式。新的辐射公式大胆假设能量量子化，得出了短波部分与维恩公式吻合，长波部分与瑞利-金斯公式匹配，并与实验曲线非常吻合的纯经验公式。大胆的假设就是科学的创新思维。能量量子化的大胆假设，打开了量子物理学的大门，使我们迎来了崭新的量子世界。

注意事项：重点突出科学难题面前知难而上的科学精神，让学生更好地理解和牢记本节内容的知识，并和学生讨论如何在困难面前不退缩，想尽办法解决问题。

案例十八

踏实做人、认真做事：
康普顿效应的研究过程

张欣会

1. 案例主题

科学的发展，人类的进步，离不开科学家严谨求实、一丝不苟、不浮不躁的科学研究精神。科学家们在面对科学难题时，展现出来的百折不挠的科学精神、一丝不苟、踏踏实实追求真理的科学作风，值得我们牢牢铭记、永远学习。在康普顿效应发现的过程中，我国物理学家吴有训先生先后用15种不同材料进行康普顿散射实验，为康普顿效应的发现做出了杰出贡献。

2. 案例资料

吴有训，江西高安人，物理学家、教育家，是中国近代物理学研究的开拓者和奠基人之一，用天赋和勤劳推动了中国近代物理学的发展，被称为中国近代物理学研究的"开山祖师"，为中国近代物理学培养了钱三强、钱伟长、杨振宁、邓稼先、李政道等一大批物理学栋梁之材。

1920年6月，吴有训毕业于南京高等师范学校；1921年，留学美国芝加哥大学，师从著名物理学家康普顿教授；1923年，康普顿发表了X射线散射光谱的实验结果：单色X射线被物质散射时，散射线中有两种波长，其中一种波长比入射线的波长长，且波长改变量与入射线波长无关，而是随散射角的增大而增大，即康普顿效应。

这一实验结果遭到了科学界的质疑，原因是著名的哈佛大学实验室无法重复得出该结果。吴有训在导师康普顿的指导下，陆续采用多达15种不同材料进行康普顿散射实验，结果无一不与康普顿的散射结果相符合，从而形成了此理论广泛适用性的强有力证据。

康普顿因此而获得了1927年诺贝尔物理学奖。

资料来源：

林家治，2006. 吴有训图传 [M]. 武汉：湖北人民出版社.
吴百诗，2009. 大学物理：第三次修订本B：下册 [M]. 西安：西安交通大学出版社.

3. 结合章节

本案例适用于《大学物理学（下）》（第5版，赵近芳、王登龙编，北京邮电大学出版社，2017年）第15章第15.2节"光的量子性"的教学。

4. 思政元素

吴有训——一位被世界科学史永远铭记的中国人。他靠着自己的天赋和勤奋为物理学做出了杰出的贡献，为我国物理学发展奠定了基础，培养了一大批物理学的优秀人才。踏实地做人，认真地做事，才是成就自己、为社会乃至人类做出贡献的前提。科学的发展，人类的进步，离不开物理学家们踏踏实实、一丝不苟、不浮不躁的科学研究精神。通过本案例的教学，鼓励学生学习吴有训精神，脚踏实地。

5. 课程思政教学目标

通过本案例的教学，让学生认识我国物理学家吴有训先生，了解吴有训先生为中国物理学，乃至世界物理学做出的杰出贡献。他为中国培养了大批物理学人才，为世界物理学发展做出了杰出贡献。引导学生学习吴有训精神，在困难面前不折不挠，踏踏实实做人，认认真真做事。

6. 案例描述

(1) 引出主题。

讲解康普顿效应，以及吴有训先生为此做出的杰出贡献，引导学生讨论，并学习吴有训精神。

(2) 基本知识概念。

康普顿效应的实验现象及理论解释。

(3) 吴有训做出的贡献。

康普顿效应的实验现象遭到了科学界的质疑，吴有训先后用15种不同材料重复了该实验，均证实了康普顿效应的存在。

注意事项：重点突出难题面前科学家不断尝试探索的过程。吴有训在遭到科学界质疑的情况下，靠着自己的勤奋和努力，踏实工作，认真实验，为康普顿效应提供了强有力的证据。通过本案例的教学让学生更好地理解和牢记相关内容，并和学生讨论吴有训的科学精神。

案例十九

科学思维、科学精神：电磁感应定律

张春玲

1. 案例主题

通电导线旁边的小磁针会发生偏转，说明电流周围存在磁场，既然电能生磁，那么磁能生电吗？学习电磁感应现象和电磁感应定律可以帮助我们回答这个问题。更重要的是，介绍电磁感应定律的发现过程，可以引导学生形成科学思维和科学精神。

2. 案例资料

电磁感应现象如图 4.18 所示。

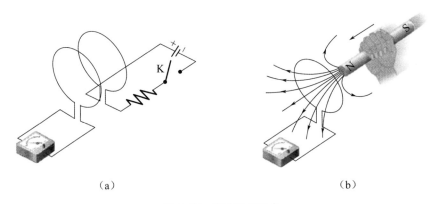

图 4.18 电磁感应现象

当条形磁铁相对于闭合的线圈回路运动时，我们会发现线圈回路里产生了电流；当一个回路的电流发生变化时，另一个闭合线圈回路里也产生了电流；当一段导体在磁场中切割磁感线运动时，导体两端会产生电势差。这些现象都属于电磁感应现象，那么它们有什么共性呢？产生电磁感应现象的本质原因是什么呢？法拉第经过反复的实验，终于通过各种各样的电磁感应实验总结出了规律：不论用什么方法，只要穿过一个闭合导体回路所包围面积的磁通量发生变化，那么回路中就有电流产生。

电磁感应定律是电磁学中的重大发现之一，它揭示了电、磁现象之间的联系。依据电磁感应定律，人们制造出了发电机，电能的大规模生产和远距离输送成为可能。电磁感应定律在电工技术、电子技术及电磁测量等方面都有广泛的应用。人类社会从此迈进了电气化时代。

资料来源：

边艳艳，2017. 电学之父法拉第 [M]. 沈阳：辽海出版社.

吴百诗，2009. 大学物理：第三次修订本 B：下册［M］. 西安：西安交通大学出版社.

3. 结合章节

本案例适用于《大学物理学（下）》（第 5 版，赵近芳、王登龙编，北京邮电大学出版社，2017 年）第 11 章第 11.1 节"电磁感应定律"的教学。

4. 思政元素

法拉第坚信电能生磁，磁也能生电，这是辩证科学思维。理论源于实践，法拉第在发现问题、提出问题以后，勇于尝试探索，实事求是，不迷信、不盲从，用实验验证，用科学的方法解决问题。

法拉第经过无数次反复实验，历时 10 年才总结出电磁感应定律，法拉第的奋斗历程可以给我们带来启示：科学的大道不是一帆风顺的，只有具有坚韧不拔的探索精神、不折不挠的钻研精神，才能取得成功。

5. 课程思政教学目标

通过本案例的教学，培养学生发现问题、严谨求证的科学思维；引导学生学习法拉第坚韧不拔、勇于探索的科学精神；让学生体会到科学改变世界，从而激发学生的学习兴趣，引导学生勇攀科技高峰。

6. 案例描述

法拉第认为既然电能产生磁，磁也能产生电。1831 年，法拉第终于发现，在一个通电线圈的电流刚接通或者刚断开的时候，另一个线圈中的电流计指针出现了微小的偏转。他接连又做了几十个这类实验，并且把产生感应电流的情况概括成五类：变化着的电流；变化着的磁场；运动的恒定电流；运动的磁场；在磁场中运动的导体。他指出：感应电流与原电流的变化有关，而不是与原电流本身有关。

案例二十

科学精神：电磁波的发现

张春玲

1. 案例主题

现代人的生活几乎离不开手机、电脑、电视等电子设备，而这些设备的工作原理都离不开电磁波，那么你知道电磁波是怎样被发现的吗？麦克斯韦在1873年建立了电磁场理论，但他的电磁场理论违背了传统，不为当时的世人所接受。赫兹决定以实验来验证麦克斯韦的电磁场理论，经过反复实验，赫兹终于在1887年证明了电磁波的存在。本案例通过介绍赫兹的电磁波实验，引导学生对于严谨、实事求是、勇于创新的科学精神进行思考。

2. 案例资料

麦克斯韦于1873年出版了科学名著《电磁学通论》，系统、全面、完美地阐述了电磁场理论，并且预言了电磁波的存在，这一理论成为经典物理学的重要支柱之一。但他的电磁场理论在他生前并未得到充分的重视，人们依然固守着牛顿的传统物理学观念。法拉第、麦克斯韦的理论对物质世界进行了崭新的描绘，但是违背了传统，在欧洲毫无立足之地，甚至被当成奇谈怪论。电磁波看不见，摸不着，谁也没有见过，它只是麦克斯韦电磁场理论的一个预言。赫兹决定用实验来证实电磁波的存在。赫兹利用电容器放电的振荡性质，设计制作了电磁波源和电磁波检测器，经过反复实验，终于在实验中检测到了电磁波。赫兹的实验公布后，轰动了科学界，由法拉第开创、麦克斯韦总结的电磁场理论，至此取得了决定性的胜利。电磁波的发现不仅证实了麦克斯韦的电磁场理论，更为无线电、电视和雷达的发展找到了途径。

资料来源：

吕增建，2017. 赫兹永载史册的电磁波实验带给人类的福祉和启示［J］. 科技导报，35(14)：98.

3. 结合章节

本案例适用于《大学物理学（下）》（第5版，赵近芳、王登龙主编，北京邮电大学出版社，2017年）第11章第11.4节"磁场能量"的教学。

4. 思政元素

在麦克斯韦预言了电磁波的存在以后，赫兹为证实电磁波的存在，做了无数次的实验，经历了无数次的失败，最终用自己设计的实验装置检测到了电磁波的存在。在发现电磁波的过程中，科学家们体现出严谨、锲而不舍、不畏权威、打破传统、勇于创新的科学精神。

5. 课程思政教学目标

通过本案例的教学，启发学生认识到人类社会科技的发展离不开物理学，加强学生对于物理学重要性的认识；培养学生严谨和实事求是的科学态度，以及不畏权威、打破传统、勇于创新的科学精神。

6. 案例描述

教师在讲解的过程中，一方面让学生了解电磁波实验的时代背景，突出科学家不畏权威、勇于创新的科学精神；另一方面注意介绍电磁波实验的实验装置，让学生领略到科学家巧妙的设计和严谨的科学态度。

本案例是对课程学习的拓展，可以让学生了解电磁波实验在电磁学史上的地位，还可以让学生熟悉电磁场理论在现实生活中的应用。

第五篇
"理论力学"课程思政教学案例

案例一

自信与担当：中国古代力学知识的深厚积淀

董俊哲

1. 案例主题

中国古代力学知识源远流长。本案例通过介绍中国古代在力学方面取得的成就，激发学生学习力学的热情，树立学生的责任感和使命感。

2. 案例资料

在我国的各种古籍中，有丰富的力学知识的记载。例如，《墨子》中记载有"力，刑之所以奋也。"《荀子》中谈及杠杆的平衡问题时，记载有"衡者，平之至。"

在明朝天启七年（1627年），我国出版了历史上第一部力学著作《远西奇器图说录最》。邓玉函在1621年与其他22名传教士来华，教授王徵学习西方数学。而后，由邓玉函口授，王徵笔录著成《远西奇器图说录最》。在清朝时期，英国人爱约瑟与李善兰合译《重学》。清末民初的大思想家、大翻译家严复将西文"mechanics"一词译为"力学"。在汉语中，古文行文中亦有"力学"一词，但那是指努力学习之意，与自然科学中的"力学"没有关系。

中国古代力学的研究范围广泛，虽然没有形成独立的学科，但中国古人在生产和生活实践中却广泛地运用了力学原理，力学原理的应用已达到了很高的水平。

3. 结合章节

本案例适用于《理论力学》（第2版，刘鞞主编，重庆大学出版社，2018年）中"绪论"的教学。

4. 思政元素

中国古代力学知识源远流长，有丰富的资料记载。但是这些知识与西方系统的力学知识相比，还远未形成一门独立的学科。在近现代，周培源、钱伟长、钱学森和郭永怀等力学家为我国近代力学事业的发展做出了重要贡献。

5. 课程思政教学目标

借助案例引导学生了解中国古代在力学方面所取得的辉煌成就，提高学生的民族自豪感。同时，因我国古代的力学知识缺乏系统性，未形成一门独立的学科，所以要教导学生科学研究应具有系统性，进而引导学生了解中国近现代科研工作者在力学领域的追赶，树立学生的责任感和使命感。

6. 案例描述

在教学中，首先引出问题：中国古代有哪些力学成就？然后介绍中国古代的力学成就：

从春秋战国时期的文献记载,到近现代从西方引进的科学著作。

在介绍古代的力学成就以后,引入思政材料:虽然我国古代在力学领域没有形成一门独立的学科,但是在近现代,一大批学者在困境中奋起,取得了骄人的成就。希望学生从自身的责任感和使命感出发,以近代出色的科研工作者为标杆,努力奋进。

案例二

理想信念:"不倒翁小姐姐"

郭春霞

1. 案例主题

通过讲解重心的实际应用——不倒翁的工作原理,引入西安市大唐不夜城的"不倒翁小姐姐"的表演,激励学生为梦想而努力学习。

2. 案例资料

2019年8月,大唐不夜城融合大唐历史文化及创新元素,编创推出了不倒翁行为艺术表演。在十余组表演者中,冯佳晨秉持对表演的热爱,咬紧牙关,克服了重重困难,通过对不倒翁工作原理的学习和深刻理解,结合她灵动的神情、优美的舞姿,从众多表演者中脱颖而出。

冯佳晨对表演艺术的执着追求,让她慢慢参与到演出创作中。她更是把宣传西安旅游、弘扬中华优秀传统文化作为己任,先后赴国内外多地宣传西安旅游文化。冯佳晨现在已经成了西安的一张亮丽名片。她用行动展现了为梦想不懈奋斗的美好模样,彰显了青春担当,在传承民族文化的道路上发挥出了引领作用。

资料来源:

根据网络资料整理。

3. 结合章节

本案例适用于《理论力学》(第2版,刘鞾主编,重庆大学出版社,2018年)第5章第5.4节"平行力系中心·重心"的教学。

4. 思政元素

通过介绍冯佳晨的表演经历,激励同学们要像不倒翁一样,自己不倒,让别人为之倾倒,在艰难中奋起,在逆境中成长。

5. 课程思政教学目标

借助案例引导学生认识生命的意义,树立"有信念、有梦想、有奋斗、有奉献的人生,才是有意义的人生"的人生观,摒弃物质主义、享乐主义,转变学习和生活态度。

6. 案例描述

重心在日常生活中有很多应用,比如不倒翁。不倒翁的整个身体都很轻,只是它的底部有一块较重的铅块或铁块,使得其重心很低。当外力使不倒翁倾斜之后,会在重力和着地点之间产生一个力矩。正是这个力矩的作用,使不倒翁能够恢复到原来的状态。不倒翁在摆动过程中能量会不断损失。当能量减到零，重力作用线刚好通过着地点时，它就会停止摆动，恢复到原来的平衡状态。

通过对不倒翁工作原理的讲解，引入对西安大唐不夜城的"不倒翁小姐姐"冯佳晨的介绍。穿着一袭明黄色唐装，在街区舞美灯光的映衬下，伴随着古典的乐曲，悠然摇动着身体，宛如天外飞仙，持扇而来，灵动"飞"走的就是冯佳晨。她的微笑能打动人心，令观众沉浸其中，看得如痴如醉。

生活中没有一个人的成功轻而易举，冯佳晨亦是如此。为了不倒翁表演，冯佳晨必须保证体重在 50kg 以内。扮演不倒翁还需要极好的舞蹈表演技巧和表演能力。

在她成名后，有不少娱乐公司向她抛出了"橄榄枝"，但都被她拒绝了。冯佳晨表示，她还需要继续学习舞蹈，在提高自己的同时，努力为观众带来更好的演出，为宣传传统文化做出一份贡献。冯佳晨的表演经历是学生学习的好榜样。

案例三

树立豁达的人生观，坚定文化自信："人生到处知何似，应似飞鸿踏雪泥"

郭春霞

1. 案例主题

本案例通过对苏轼的诗句"应似飞鸿踏雪泥"的情景加以改造，帮助学生正确理解牵连点的概念，从而引入成语"雪泥鸿爪"及其蕴含的生活哲理，培养学生豁达的人生观，坚定文化自信。

2. 案例资料

苏轼，是中华民族极富才情的文学家之一。诗、词、文、书法和绘画他都擅长，都达到了他所在时代一流的水平。他的诗题材广阔，清新豪健，独具风格。他善用夸张比喻，与黄庭坚并称"苏黄"；他的词风豪放，与辛弃疾同是豪放派代表，并称"苏辛"；他的散文著述宏富，豪放自如，与欧阳修并称"欧苏"，为"唐宋八大家"之一；他也擅长书法，为"宋四家"之一；他还擅长文人画，尤擅墨竹、怪石、枯木等。

除了文学成就，苏轼还是个美食家。他在被贬途中开创了很多美食，例如东坡肉、东坡鱼、东坡肘子、东坡豆腐等。他把贬谪所居之处变成了福地，让苦事都变成了乐事。苏轼身上既有儒家积极进取的一面，也有道家逍遥洒脱的一面，禅宗对他的影响也很大。他是我国传统文化塑造出的一位伟大的人物。

资料来源：

缪钺，霍松林，周振甫，等，1987. 宋诗鉴赏辞典［M］. 上海：上海辞书出版社.

3. 结合章节

本案例适用于《理论力学》（第 2 版，刘鞯主编，重庆大学出版社，2018 年）第 8 章第 8.1 节"合成运动的基本概念"的教学。

4. 思政元素

通过苏东坡的诗句帮助学生理解牵连点的概念，进而阐述其诗句所蕴含的人生哲理，激励学生珍惜时间，以积极豁达的态度面对人生的得失。

5. 课程思政教学目标

古诗是我国的文化瑰宝，其丰富的意境、含蓄的情感感染了一代又一代中国人。借助本案例，将工科教学知识点与古诗意境相关联，使学生在学习专业课知识时也能领略古诗之美,引导学生继承和发展我国的优秀传统文化。

6. 案例描述

牵连点是运动学中的教学难点。牵连点是指动系上与动点重合的点。学生刚开始学习时,往往很难理解这个概念,无法区分牵连点和动点。在教学时,可将苏东坡的诗句"应似飞鸿踏雪泥"所述的情景加以改造,以帮助学生理解牵连点的概念。

假设在一个寒冷的冬天,一列落满了厚厚雪花的列车在山间穿行。突然从天空中飞来一只小鸟,落在了列车上,并在列车上缓缓移动。随着小鸟的移动,列车顶部就会留下一串小鸟的脚印。此时,若把小鸟看作动点,动系固连在行驶的火车上,那么小鸟的脚印就是每一瞬时的牵连点。脚印是一串,说明牵连点是瞬时的点,在不同瞬时有不同的牵连点,就像小鸟的脚印一样。

讲完牵连点的基本概念之后,根据创设情境,引导学生联想到苏轼的千古名句"人生到处知何似,应似飞鸿踏雪泥",以及由此发展而来的成语"雪泥鸿爪",并顺势讲解这句诗所蕴含的人生哲理:每个人的成功都会经历一番艰辛困苦,我们在生活中遇到困难时,不必对眼前的困难耿耿于怀,更不用想不开,走极端。要学习苏轼这种顺其自然的精神,以积极乐观的态度对待自己的生活。

案例四

科技是第一生产力：长征系列运载火箭

董俊哲

1. 案例主题

本案例通过讲授动量定理，回顾新中国科技发展的伟大成果，引导学生打好坚实的理论基础，树立报效祖国的理想，实现中华民族的伟大复兴。

2. 案例资料

火箭和喷气式飞机一样都是反冲作用的重要应用。当燃气从细口喷出时，它们具有动量，由动量守恒定律可知，盛燃气的容器就要向相反方向运动。火箭是靠喷出气流的反冲作用获得巨大速度的。

航天离不开火箭。火箭是人造卫星和宇宙飞船的运载工具，现代工业的兴起使人类遨游太空的想法得以从幻想变为现实。火箭最早是我们祖先发明的，像"神火飞鸦""飞空砂筒""震天雷"等，都是古人运用火箭的实例。公元10世纪，北宋冯继升曾向朝廷献过火箭及火箭制造方法，从而出现了人类历史上最早、最原始的"火药箭"。

关于第一个想到利用火箭"飞天"的中国人，具体史料已不可考，但我国航天的奠基人钱学森先生曾给年轻人口述过"万户飞天"的故事。讲的是明朝士大夫万户利用火箭向太空搏击的故事，虽然失败了，但他的行为反映了人类的探索精神，他也被公认为"真正的航天始祖"。为了纪念这位世界先驱，国际天文学联合会将月球上的一座环形火山命名为"万户山"。

中国长征系列运载火箭的发展共经历了五个阶段：第一阶段基于战略导弹技术起步，主要包括长征一号运载火箭等；第二阶段是按照运载火箭技术自身发展规律研制的火箭，包括长征三号甲系列运载火箭等；第三阶段是为满足商业发射服务而研制的，典型代表是长征二号E运载火箭；第四阶段是为载人航天需要而研制的，如长征二号F运载火箭；第五阶段是为适应环保及快速反应需要而研制的，如长征五号运载火箭、长征六号运载火箭、长征七号运载火箭等。

3. 结合章节

本案例适用于《理论力学》（第2版，刘鞬主编，重庆大学出版社，2018年）第11章第11.2节"动量定理"的教学。

4. 思政元素

航天思想萌芽于古代人们对太空的向往。纵览中国古代神话史，"女娲补天""夸父逐日""嫦娥奔月"……中国古人"飞天"的浪漫设想由来已久。战国时期，诗人屈原在《天问》中表明了中华民族对"天"的丰富想象。从公元4世纪到公元14世纪，敦煌石窟的众多飞神形象,将佛教的飞天与道教的飞仙完美融合,堪称世界美术史上的一个奇迹。

长征系列运载火箭为实现中国载人航天的战略目标奠定了坚实基础,使得中国成为世界上第三个自主发展载人航天技术的国家,进一步确立了中国航天的国际地位。

5. 课程思政教学目标

借助案例展示我国强大的科技实力,提高学生的民族自信,增强学生的民族自豪感,引导学生认识到自己承担的历史责任。

6. 案例描述

首先讲解动量定理,在例题中引出火箭的动力学原理。继而讲述我国古代航天思想的萌芽,以及近现代航天工程所取得的成就。

接下来提问:你的梦想是什么?通过讨论,了解我国科技人员是怎样通过努力实现了飞天梦,引导学生感受飞天梦的实现所给予我们的启示。

案例五

树立理想，精益求精，实现中国梦：航天器姿态控制

董俊哲

1. 案例主题

本案例通过讲授动量矩定理，引入我国在航天器姿态控制方面的科技发展情况，引导学生打好坚实的理论基础，树立报效祖国的理想，实现中华民族伟大的中国梦。

2. 案例资料

我国的载人航天飞船系统主要是神舟系列飞船。神舟系列飞船是我国自主研制，具有完全自主知识产权，达到或优于国际第三代载人飞船技术的飞船。神舟系列飞船在设计之初采用三舱一段的结构，即由返回舱、轨道舱、推进舱和附加段构成，由十余个分系统组成。额定乘员3人，可自主飞行7天。神舟系列飞船可一船多用，既可留轨观测，又可作为交会对接飞行器，满足天地往返的需求。

在航天器进入太空后，人们需要对其姿态进行控制。所谓姿态，就是航天器相对于空间某参考系的方位或指向。姿态控制是获取并保持航天器在太空定向的技术，包括姿态稳定和姿态控制两个方面。前者要求将航天器上安装的有效荷载对空间的特定目标定向、跟踪或扫描，使航天器保持对某参考方位定向；后者是把航天器从一种姿态转变为另一种姿态的再定向过程。为满足空间方位和姿态确定的精度要求，需要使用多传感器设计，并通过飞轮三轴姿态控制系统加快姿态修正速度。三轴姿态控制系统的工作原理就是动量矩定理，即航天器的总动量矩矢量对时间的导数等于作用于航天器上的外力矩矢量之和。通过改变飞轮的动量矩矢量，可以吸收航天器其余部分多余的动量矩矢量，从而达到航天器姿态控制的目的。

3. 结合章节

本案例适用于《理论力学》（第2版，刘韡主编，重庆大学出版社，2018年）第12章第12.3节"动量矩定理"的教学。

4. 思政元素

神舟系列飞船是我国科技工作者在踏踏实实的努力下，用精益求精的精神所取得的惊人成绩，也使得中国成为太空强国。

5. 课程思政教学目标

借助案例展示我国强大的科技实力，提高学生的民族自信，增强学生的民族自豪感，引导学生树立远大理想，继承神舟系列飞船的科技工作者踏踏实实的工作作风和精益求精的工作精神，实现中华民族伟大的中国梦。

6. 案例描述

首先讲解动量矩定理的概念与推导过程。在解释动量矩定理的时候，以神舟系列飞船的姿态控制为例，介绍神舟系列飞船及其姿态控制的动量矩定理。

接下来对学生提问：神舟系列飞船如何实现高稳定性和低故障率？

最后引导学生学习航天科技工作者踏踏实实的工作作风和精益求精的工作精神。

第六篇
"材料力学"课程思政教学案例

案例一

力学计算软件之忧：计算力学

董俊哲

1. 案例主题

通过讲授材料力学的任务，引入材料力学中数值计算的概念。由于计算技术的高速发展，数值计算成为重要的力学研究方法之一，其重要性甚至已经超过理论研究。在研发设计类软件中，基于数值计算方法的力学计算软件在尖端科技领域有着决定性作用。然而，目前国外的力学计算软件巨头，几乎垄断了我国的力学计算软件市场。因此，力学计算软件行业有可能成为未来我们尖端科技发展的掣肘之处。

2. 案例资料

根据走向智能研究院的研究，在核心工业软件领域中的计算机辅助设计类软件市场领域，法国达索公司、德国西门子公司、美国PTC公司、美国欧特克公司对我国市场份额的占有率超过90%，国内数码大方、中望CAD、山东华天等只占不到10%的市场份额。在计算机辅助工程类软件市场领域，美国的Ansys等公司占据了95%以上的市场份额。在生产管理类工业软件市场领域，德国SAP公司与美国Oracle公司占有高端市场份额的90%以上，用友、金蝶等国内软件只能占据中低端市场份额的80%左右。我国生产控制软件领域也主要被施耐德、GE、罗克韦尔等国外巨头占据，宝信、石化盈科等国内软件只能在电力、钢铁冶金和石化等细分行业争得一席之地。

我国在计算机辅助设计、计算机辅助工程、计算机辅助制造、电子设计自动化等核心工业软件领域，至少落后国外最高水平30年。

大连理工大学在力学计算软件平台方面已坚持了几代人40余年的研发历程，在2007年启动了工程与科学计算软件集成系统的研发工作。目前，该系统的设计思路与系统架构、集成化功能、集成化计算机辅助工程软件系统研发、典型工程应用等已逐渐适应科学研究和工程技术的要求，取得了可喜的进展。

资料来源：

陈飙松，2016. 数值仿真软件集成平台SiPESC研发进展研究［J］. 科技创新导报，13(19)：178-179.

3. 结合章节

本案例适用于《材料力学（I）》（第6版，孙训方、方孝淑、关来泰编，高等教育出版社，2019年）第1章第1—2节"材料力学发展概述"的教学。

4. 思政元素

从 2006 年开始，美国国家科学基金会等组织陆续发布报告认为，计算力学已成为提高科学领导地位、经济竞争力和维护国家安全的关键；基于模拟的工程应成为工程与科学领域国家优先发展项目；从竞争中胜出就是从计算中胜出。我国已实施创新驱动发展战略，必须独立自主发展核心创新技术。

5. 课程思政教学目标

本案例可以促使学生理解材料力学中数值计算的基本概念，明白计算力学的发展对于我国尖端领域发展的重要意义，以及了解这一领域我国与国际先进水平的差距，从而增强学生对于国家未来发展的责任感。

6. 案例描述

在讲解材料力学研究方法这一部分的时候引出数值计算方法作为力学研究方法的意义，介绍数值计算方法的基本概念及其在科学研究和工程实践中的广泛应用。我国已实施创新驱动发展战略，并且在力学计算软件行业已有所发展。基于中美关系的现状，为了不被"卡脖子"，应鼓励学生励精图治、奋起直追。

案例二

抓住主要矛盾：小变形假定

刘　超

1. 案例主题

小变形假定是材料力学课程中极其重要的假定。该假定充分利用小变形下的一些几何关系，关注主要因素，忽略次要因素，大幅度简化了计算公式的形式及推导过程。该假定抓住了主要矛盾，忽略了次要矛盾，从而看清了问题的本质，找到了规律，使学生可以从根本上分析问题和解决问题。

2. 案例资料

在计算两杆结构变形问题时，两杆连接点位移的计算非常重要。但是，复杂的几何关系，使得这一计算过程变得非常复杂。即使只有两个杆，计算公式也会复杂到难以看清规律。

然而，毛泽东同志说过，研究任何过程，如果是存在着两个以上矛盾的复杂过程的话，就要用全力找出它的主要矛盾。捉住了这个主要矛盾，一切问题就迎刃而解了。

因此，抓住主要矛盾，就可以大大简化分析过程，在不失准确度的同时，有效率地找到规律，并应用于设计。

资料来源：

孙训方，方孝淑，关来泰，2019. 材料力学：Ⅰ［M］. 6版. 北京：高等教育出版社.
中共中央文献研究室，1993. 毛泽东文集：第一卷［M］. 北京：人民出版社.

3. 结合章节

本案例适用于《材料力学（Ⅰ）》（第6版，孙训方、方孝淑、关来泰编，高等教育出版社，2019年）第2章第2-4节"拉（压）杆的变形·胡克定律"的教学。

4. 思政元素

对于复杂的几何计算和复杂的数学表达式，可以抓住主要矛盾，忽略次要矛盾，看清问题的本质，找到问题的规律，使问题大大简化。此方法可以为设计提供依据。

5. 课程思政教学目标

通过对拉杆变形公式的推导，引入矛盾论，使学生在解决现实问题的时候，能够抓住主要矛盾，忽略次要矛盾。

6. 案例描述

介绍两杆结构变形的计算问题。如图6.1所示的两杆结构，在力 F 的作用下，计算 A

点的位移距离 f_A。解题图见图 6.2。

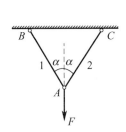

图 6.1 两杆结构

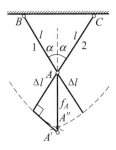

图 6.2 解题图

在两杆结构中，严格准确的计算方法，是计算 A 点到分别以 B 和 C 为圆心，半径为 $l+\Delta l$ 的两个圆弧的交点，即 AA''。

根据余弦定理，有：$(l+\Delta l)^2 = l^2 + f_A^2 - 2lf_A\cos(\pi - \alpha)$

解得 A 点的位移距离：$f_A = -l\cos\alpha + \sqrt{l^2\cos^2\alpha + \Delta l^2 + 2l\Delta l}$

从算式可以看出，即使在计算比较简单的问题时，这一结果也比较复杂，如果是计算多杆结构和非对称结构，结果无疑将更加复杂。

在这种情况下，我们应当如何处理？

对于复杂的计算，我们采用"抓住主要矛盾，忽略次要矛盾"的基本思想。在本问题中，用垂线得到的 A 点位移 AA' 代替由弧线得到的 A 点位移 AA''，可以大幅度简化公式的推导。而简化过程中的误差，可以通过下述推导量化。

如果采用 AA' 代替 AA''，则有：$f_A = \Delta l / \cos\alpha$

对比两个算式可以发现，后面的算式简单很多，规律也简单明显，但误差仅有：

$$\varepsilon \approx \frac{\Delta l}{l\cos\alpha}$$

由于工程结构中通常有 $\frac{\Delta l}{l} < 0.1\%$，而 $\alpha < 45°$，所以，$\varepsilon < 0.15\%$。

因此，从上式可以看出，用 AA' 代替 AA'' 以后，算式大幅度简化，并且得到了位移与单杆伸长量成正比，与夹角余弦成反比的规律，从而抓住了问题的主要矛盾，找到了规律。

案例三

自由与约束的思考：超静定问题

刘 超

1. 案例主题

通过讲授超静定问题，引入自由与约束的辩证关系，引导学生思考自由与约束的问题。超静定结构中的多余约束，必然会带来"变形协调"的问题，就像一个人融入群体时，必然会为了适应群体而失去部分自由。但是，在各个构件经过"变形协调"形成结构以后，结构会具有更好的功能和稳定性。静定结构虽然可以最大限度地发挥每个部件的能力，但整体效果有限，限制了结构的承受能力，并且结构的稳定性很差，一个构件的问题很可能会导致整个系统的崩溃。

2. 案例资料

（1）静定结构。

如图6.3（a）所示，当系统中的未知量的数目等于独立平衡方程的数目时，所有的未知量都能由独立平衡方程求出。另一种理解是，约束的数目和独立平衡方程的数目相等时，仅用独立平衡方程就可以确定全部内力和约束力。

（2）超静定结构。

如图6.3（b）所示，当系统中的未知量的数目多于独立平衡方程的数目时，仅通过独立平衡方程不能完全确定未知量。也就是说用独立平衡方程，不能够决定作用在一个结构上的反应力。另一种理解是，约束的数目大于独立平衡方程的数目时，仅用独立平衡方程无法确定全部内力和约束力。

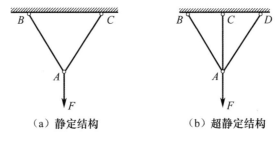

（a）静定结构　　　　（b）超静定结构

图6.3　静定结构和超静定结构

超静定结构在生活中的应用十分广泛。大到各种建筑结构，小到各种机械结构，大多是超静定结构。相对于静定结构，超静定结构有更多的约束，但同时具有更高的强度和稳定性。这一点，正好可以作为素材，让学生认真思考自由和约束的关系，理性理解自由与约束的辩证统一关系。自由是人类的理想和追求，是表达思想的一项基本权利。自由与约束相互制约、互为条件。没有约束就无所谓自由，没有自由也就无所谓约束。只有在约束下的自由才是真正的自由。

资料来源：

姜小满，刘顺厚，2018. 浅谈自由与约束 [J]. 科教导刊 (28)：168-169.

孙训方，方孝淑，关来泰，2019. 材料力学：Ⅰ [M]. 6 版. 北京：高等教育出版社.

3. 结合章节

本案例适用于《材料力学（Ⅰ）》（第 6 版，孙训方、方孝淑、关来泰编，高等教育出版社，2019 年）第 6 章第 6.2 节 "拉压超静定问题" 的教学。

4. 思政元素

现实中，我们看到的结构几乎都是超静定结构，因为这样的结构既稳定，又能承担较大的载荷。而现实中的人，也大多群居，群居的生活可以给我们带来充分的便利，也让我们足够安全，更能集合大家的力量做大事。但是，在群居的情况下，人不可能有完全的自由。在这样的环境下，对于自由与约束关系的思考，会直接影响很多人的人生选择。

5. 课程思政教学目标

本案例一方面可以帮助学生从感性上理解超静定问题，另一方面可以通过引导学生对于超静定问题进行思考，引导学生理解自己人生中的 "多余约束" 并非 "多余"，而是提高能力的基础。作为社会中的个体，要学会在 "多余约束" 中找到自己的位置，与大家一起构成强大的 "结构"。

6. 案例描述

（1）问题引出。

引入三杆结构的超静定问题，对比三杆结构与两杆结构的强度。

（2）思政材料导入。

多余的约束会带来多余的限制，但是也减少了每个构件的受力，增强了整个结构的稳定性。而对于生活在群体里面的个人来说，也是同样的道理。独立的个体在面对自然灾害和同类掠夺的时候，是没有抵抗能力的。而群居的人类，就如同一个超静定结构，有各种约束，但每个人各司其职，确保了结构的各种功能维持稳定。这个结构的形成，必然需要一定的 "变形协调"，即个体迁就整体的部分。而完全的自由，就是将这种结构打散，使其失去完整结构的功能。

案例四

在工程中理解木桶原理：结构许可载荷

李 华

1. 案例主题

通过对结构许可载荷的计算实例进行讲解，引出木桶原理，使学生在工程中深刻理解木桶原理，思考发挥特长和补齐短板之间的关系。

2. 案例资料

已知如图 6.4 所示的结构图：杆件 1、2 的横截面面积分别为 $A_1 = 706.9 \text{ mm}^2$，$A_2 = 314 \text{ mm}^2$，材料许用应力 $[\sigma] = 160 \text{ MPa}$。求：该结构的许可载荷 $[F]$。

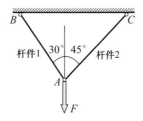

图 6.4 结构图

计算可得：$F_{N1} = 0.732 F$，$F_{N2} = 0.518 F$。

根据两个杆破坏的许用应力，得到两个杆破坏时的许可载荷 $[F]_1 = 154.5 \text{ kN}$，$[F]_2 = 97.1 \text{ kN}$，最后取该结构的许可载荷 $[F] = 97.1 \text{ kN}$。

3. 结合章节

本案例适用于《材料力学（I）》（第 6 版，孙训方、方孝淑、关来泰编，高等教育出版社，2019 年）第 2 章第 2-7 节"强度条件·安全因数·许用应力"的教学。

4. 思政元素

本案例是典型的木桶原理的实例。通过本案例，让学生深刻理解木桶原理，认真思考发挥特长和补齐短板之间的关系，从而学会塑造完整人格，明白完整做事的必要性。

5. 课程思政教学目标

通过本案例的学习，促使学生认真思考自身短板，思考如何完整地做一件事，从而培养细致严谨的工作作风。

6. 案例描述

木桶原理是指木桶的最大存水量取决于最短的那块木板。一只木桶想盛满水，每块木板都必须一样平齐且无破损，如果这只木桶的木板中有一块不齐或者某块木板下面有破洞，这只木桶就无法盛满水。一只木桶能盛多少水，并不取决于最长的那块木板，而是取决于最短的那块木板。因此木桶原理（图 6.5）也可称为短板效应。如同我们所计算的结构，整个结构的损坏并非所有构件的损坏，而是某一构件的损坏。做人也一样，及时补足自己的短板，才能让自己更强大。发挥自己所长固然是一件好事，但是鲜明的缺点会使自己做不成事。因此，整个社会与我们每个人都应思考一下自己的"短板"，并尽早补足它。

图 6.5　木桶原理

木桶原理对于大学生来说，还有一个重要意义，就是教学生学会如何做成一件事。完整地做成一件事，往往不是哪一个方面突出，而是几个重要方面没有缺失。就如同一个完整的结构，一个构件的失效往往意味着整个结构的失效。所以说，完整地做一件事，需要从全局考虑，做到面面俱到。我们经常看到很多有才华的人最终一事无成，可能正是因为他们只看到了自己的才华，却没有努力补足自己的短板。

案例五

扎实的基本功：钱令希

李　华

1. 案例主题

本案例通过对梁弯曲变形公式的推导，说明基本功的重要性，使学生明白，在学习中，扎实的基本功才应该是他们的学习目标，而不是简单的考试分数。应加强学生对于基本功重要性的认知，引导学生树立服务于社会、服务于人类的信念。

2. 案例资料

钱令希，工程力学家，中国计算力学工程结构优化设计的开拓者。1936 年毕业于中法国立工学院（现上海理工大学），1938 年获布鲁塞尔自由大学最优等工程师学位，1955 年当选中国科学院学部委员，1979 年加入中国共产党，1991 年当选为中国科学院学部主席团成员，1998 年被选聘为中国科学院资深院士。钱令希长期从事力学的教学与科学研究工作，在培养人才和推动科技进步两方面做出重要贡献。在结构力学、板壳理论、极限分析、变分原理、结构优化设计等方面有着深入的研究和重要的成果。他主张力学为工程服务，并身体力行，在桥梁、水坝、港工、造船和国防等工程中发挥了力学研究的作用。在大连理工大学，他培养和带领出一支优秀的计算力学队伍，在工程力学和结构优化设计方面做出显著成绩。

1977 年，钱令希受邀去大连自行车厂帮助解决技术问题。基本功扎实的钱令希仅用十分钟就在一张小纸上（图 6.6）解决了大连自行车厂的关键技术问题。由此可见，扎实的基本功，才应该是学生的学习目标，而不是简单的考试分数。

资料来源：

周建新，2013. 钱令希传略 [M]. 大连：大连理工大学出版社.

3. 结合章节

本案例适用于《材料力学（I）》（第 6 版，孙训方、方孝淑、关来泰编，高等教育出版社，2019 年）第 5 章第 5-1 节"梁的位移——挠度及转角"的教学。

4. 思政元素

钱令希是著名的工程力学家和教育家，是结构力学与现代科学技术在中国密切结合的先行者，提出了发展计算力学的思路，倡导结构优化，运用工程力学在桥梁工程、水利工程、舰船工程、港湾工程等领域做出了重要贡献。1955 年，钱令希被选聘为中国科学院首批学部委员（院士），与同为中国科学院首批学部委员的胞兄、物理学家钱临照，水利学家钱正英被誉为中国科技界的"小三钱"。钱令希善于教书育人，爱护人才，培养了几代优秀的力学家。

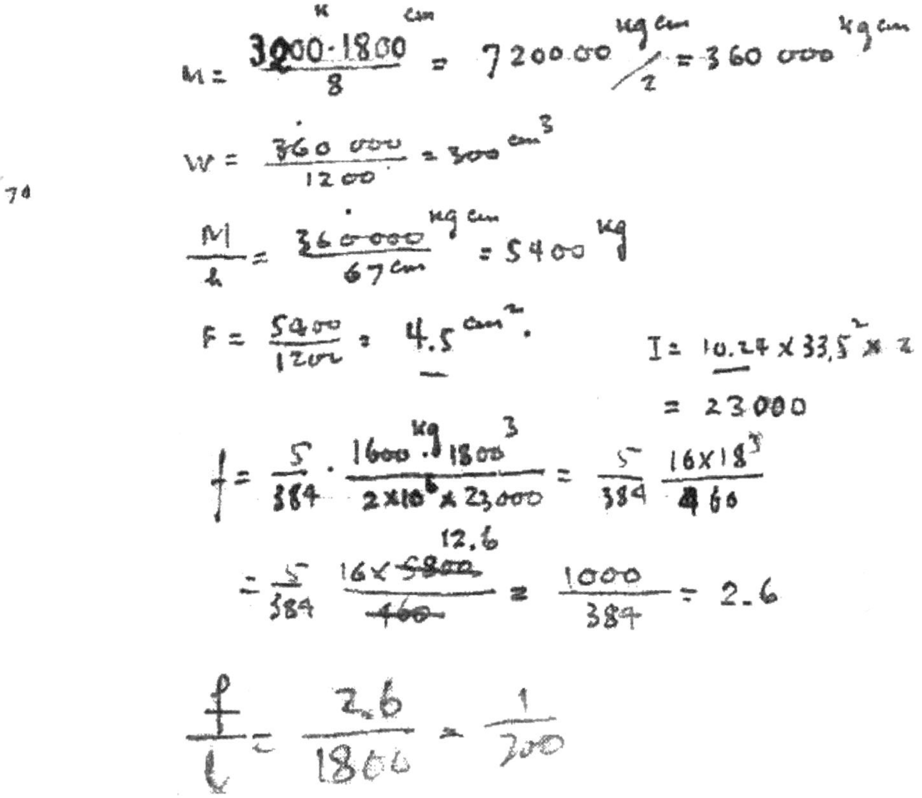

图 6.6　钱令希教授现场计算的那张小纸

5. 课程思政教学目标

学习钱令希的科学理念，培养学生"打好扎实的基本功"的意识理念。

6. 案例描述

在讲解梁弯曲变形问题基本概念及公式求解过程时，引导学生注重最基本的计算推导，强调基本功。通过介绍钱令希的生平，重点突出钱令希严谨的作风，从而让学生更好地理解和牢记本节内容的知识。同时，和学生讨论作为科技工作者，应如何将所学的知识转化为社会生产力。

案例六

古文献中的合理截面比例：梁的合理设计

倪　娜

1. 案例主题

本案例通过简要介绍李诫在《营造法式》一书中关于合理截面比例的论述，弘扬工匠精神，培养学生的爱岗敬业品质；引发学生对历史责任的思考，传播优秀传统文化，激发学生的爱国情怀。

2. 案例资料

李诫，字明仲，北宋著名建筑学家，曾主持修建了开封府廨、太庙及钦慈太后佛寺等大规模建筑，编写了中国第一本详细论述建筑工程做法的著作《营造法式》。除主要从事建筑工作外，李诫还一度任职虢州知州，在地方甚有政绩。

李诫编写的《营造法式》一书是中国古代的建筑工程著作之一。《营造法式》的内容来源于古代工匠的实践，是历代工匠相传、经久通行的做法，所以该书反映了当时中国土木建筑工程技术所达到的水平，对研究中国古代土木建筑工程和科学技术的发展，具有重要意义。

《营造法式》按内容可以分为总释总例、各作制度、功限、料例、图样五个部分。《营造法式》用很大的篇幅列举了各种工程的制度，包括壕寨、石作、大木作、小木作、雕作、旋作、锯作、竹作、瓦作、泥作、彩画作、砖作、窑作共十三种工种的制度，类似现代的建筑工程标准作法。这一部分突出地反映了中国古代建筑工人的才能和中国古代建筑的高超技艺水平。

李诫在《营造法式》一书中指出：矩形木梁的合理高宽比为 1.5。经现场推导，最合理尺寸与之非常接近。

《营造法式》具有很高的科学价值，它在中国古代建筑史上起着承前启后的作用，对后世的土木建筑工程技术的发展产生了深远影响。元朝水利工程技术中关于筑城部分的规定，几乎和《营造法式》的规定完全相同。李诫的《营造法式》是研究中国古代土木建筑工程技术的珍贵资料，其中许多经验和知识都有重要参考价值。正因为这样，它受到了国内外建筑学界的高度重视。

资料来源：

李诫，2006. 营造法式 [M]. 北京：中国建筑工业出版社.

李诫，2011.《营造法式》译解 [M]. 王海燕，注译. 武汉：华中科技大学出版社.

3. 结合章节

本案例适用于《材料力学（Ⅰ）》（第 6 版，孙训方、方孝淑、关来泰编，高等教育出版社，2019年）第 4 章第 4-6 节"梁的合理设计"的教学。

4. 思政元素

中国传统建筑就是一部凝固的史书，集中国传统的政治、经济、文化、哲学、伦理观念、科学技术等为一体，蕴含着中华民族先辈们的智慧与匠心精神。

5. 课程思政教学目标

通过本案例的教学，引导学生树立创新意识，发扬先辈们的匠心精神；培养学生的民族自豪感，引导学生继承和发展优秀传统文化。

6. 案例描述

通过李诫的《营造法式》一书，让学生具体了解中国古代土木建筑工程技术的辉煌成就与先贤们的匠心精神，引导学生从历史责任中思考自我价值，培养学生细致严谨的工作作风和勇于创新的精神。

本案例是对学生课程学习的补充，帮助学生了解中国优秀传统文化，从而对所要完成的学习目标有更明确的定位。

案例七

魁北克大桥的工程悲剧：轻视压杆稳定问题的代价

倪　娜

1. 案例主题

通过对压杆稳定问题的讲解，引出魁北克大桥的工程悲剧。魁北克大桥的倒塌并非偶然，在魁北克大桥的设计和施工过程中，很多问题就已经出现了。但是由于工程技术人员心存侥幸，对于大量的问题视而不见，最终导致了这一出悲剧。通过对这一事故的分析，引导学生形成踏实严谨的工作作风，增强学生的责任感。

2. 案例资料

灾难发生于 1907 年 8 月 29 日，魁北克大桥施工现场的收工哨声已响过，工人们正在桁架上向岸边走去，突然一声巨响，犹如放炮一般，南端的整个锚跨及悬臂，以及已部分完工的中间悬吊跨，共重 19000t 的钢材垮了下来。倒塌发出的巨响在 10km 外的魁北克市也清晰可闻。当时共有 86 名工人在桥上作业，由于河水很深，工人们或是被弯曲的钢筋压死，或是落水淹死，共有 75 人罹难。后来加拿大七大工程学院用大桥的钢材制作了工程师之戒（图 6.7），工程师之戒在加拿大是工程师的象征。

图 6.7　工程师之戒

经过调查，事故原因有以下几个：
① 魁北克大桥倒塌是由于悬臂根部的下弦杆失效，这些下弦杆存在设计缺陷；
② 不符合工程规范，部分构件的应力超过以往的经验值；
③ 设计错误估计了结构的恒载，施工中又没有进行修正；
④ 管理不当；
⑤ 工程的监管工程师没有有效地履行监管责任；
⑥ 凤凰城桥梁公司在计划制订、施工以及构件加工中均保证了良好的质量，主要问题在于设计；

⑦ 当时关于压杆稳定性的理论还不成熟,设计激进。

倒塌后的魁北克大桥如图 6.8 所示。

图 6.8　倒塌后的魁北克大桥

资料来源:

李著,王景,1997. 西奥多·库珀:魁北克大桥失事记[J]. 工程力学,14 (4):139-144.

肖峰,2006. 从魁北克大桥垮塌的文化成因看工程文化的价值[J]. 自然辩证法通讯 (5):12-17.

3. 结合章节

本案例适用于《材料力学(Ⅰ)》(第 6 版,孙训方、方孝淑、关来泰编,高等教育出版社,2019 年)第 9 章第 9-1 节"压杆稳定性的概念"的教学。

4. 思政元素

很多工程悲剧在工程设计与施工过程当中,已经有许多的问题出现,甚至有些是悲剧发生前的预兆。认真对待这些问题,不心存侥幸,才是正确的态度。魁北克大桥的工程悲剧就是典型的例子,在设计与施工过程中,有很多次避免悲剧发生的机会,但都因工程技术人员的心存侥幸,一一错过了,最终导致了悲剧的发生。

5. 课程思政教学目标

通过讲述魁北克大桥工程悲剧的发生过程,探讨魁北克大桥工程悲剧的发生原因。引导学生深入思考心存侥幸的危害,从而让学生从在校学习阶段开始,就不要心存侥幸,建立踏实严谨的工作作风。

6. 案例描述

通过讲解压杆稳定问题的基本原理引出压杆稳定问题的失败案例——魁北克大桥的工程悲剧。通过这个实例,让学生明白压杆稳定问题的重要性,以及压杆稳定出问题以后后果的严重性,从而引导学生树立在工程实践中不能心存侥幸的观念。

第七篇
"工程力学"课程思政教学案例

案例一

提升社会责任感，传承工匠精神：中国古建筑的建造工艺及构筑技法

毛筱霏

1. 案例主题

通过介绍中国古建筑的建造工艺、构筑技法和取得的光辉成就，引发学生对中华历史文化和工程责任的思考，引导学生传承工匠精神，激发学生的社会责任感。

2. 案例资料

我国在材料力学发展的历史中做出了重要贡献！

赵州桥（全国第一批重点文物保护单位）大约建于隋代，由匠师李春设计建造，已有1400余年历史。赵州桥是世界上现存年代久远、跨度最大、保存最完整的单孔坦弧敞肩石拱桥，如图7.1所示。

图 7.1 赵州桥

赵州桥全长64.4米，拱顶宽9米，拱脚宽9.6米，跨径37.02米，拱矢7.23米。主拱的两端各有两个敞肩拱，其中小拱净跨2.85米，大拱净跨3.81米。桥体由28道并列的石拱券砌筑，并用勾石、收分、蜂腰、伏石、腰铁等方式加固，以提高结构整体性，敞肩拱和构造技法如图7.2、图7.3所示。

据世界桥梁史考证，赵州桥的敞肩拱结构，比欧洲早了近1100年。

永宁寺塔（图7.4）始建于北魏熙平元年（公元516年），塔高约为136.7米，加上塔刹总高约为147米，是我国古代最高的佛塔，约是现存最高木塔——山西应县辽代木塔高度（塔高67.31米）的两倍。据《洛阳伽蓝记》追述，永宁寺塔为木结构，高九层，一百里外都可看见。

图 7.2　敞肩拱

图 7.3　构造技法

图 7.4　永宁寺塔

安澜索桥（图 7.5）长达 300 余米，以木排为板，石墩为柱，承托桥身；又以慈竹扭成的缆绳横架江面。

图 7.5 安澜索桥

资料来源：

李顺时，2017. 应县木塔结构仿真分析及倒塌危险工况推测 [D]. 厦门：厦门大学.

翁伟，2016. 基于赵州桥勘察研究结果探析石拱桥的建造技术及特点 [D]. 北京：北京建筑大学.

张丛博，2022. "千寺之冠" 永宁寺塔 [J]. 协商论坛（2）：54-56.

3. 结合章节

本案例适用于《工程力学（材料力学）》（第 5 版，北京科技大学、东北大学编，高等教育出版社，2020 年）"引言"中关于材料力学的发展史及工程案例的教学。

4. 思政元素

恩格斯在《自然辩证法》中提到，科学的发生与发展，一开始就是由生产决定的，材料力学也是一样。

赵州桥除造型优美、工艺独特、雕刻精细外，其结构设计、建造工艺及构造技法也彰显了建造者在敬业、精益、专注、创新等方面的精神。桥体结构选型、地质选址、石材选用，以及收分、腰铁等构造技法，为桥梁的巧妙受力和耐久性提供了坚实的基础保障。

永宁寺塔属于纯木结构，是木结构的顶峰之作，其技术及构造工艺已达木结构登峰造极之境。

安澜索桥以木排为板，石墩为柱，慈竹为缆，充分发挥了各类材料的力学性能，体现了我国劳动人民在生产过程中对材料力学性能的客观认知能力和工程应用能力。

5. 课程思政教学目标

18 世纪，材料力学的核心理论得以建立。但早在 1500 年前，中华民族已经对材料的性能和应用方法有了客观认知，创造了流传至今的经典案例。通过对本案例的学习，培养学生的力学素养，加强学生的创新意识，使学生学会发扬先辈们的匠心精神；培养学生的民族自豪感与爱国情怀。

6. 案例描述

本案例引入了赵州桥、永宁寺塔和安澜索桥等典型案例，对赵州桥等的匠心之处进行详细讲解，让学生了解古人在工程实践中的匠心精神，引导学生从历史责任中进行自我思考，树立社会责任感，培养学生勇于创新的意识和精益求精的工作作风。

注意事项：在工程案例讲解过程中，充分展现案例的特色与细节，从而让学生更好地理解和牢记相关知识点。

案例二

弘扬中华文明，增强民族自信：从瘊子甲谈金属加工对材料力学性能的影响

毛筱霏

1. 案例主题

在讲解低碳钢拉伸应力-应变关系时，着重介绍冷作硬化现象及其对材料力学性能的影响，通过引入瘊子甲制作工艺，引导学生对历史文明和创新意识进行思考，传播优秀传统文化，增强学生的民族自信心。

2. 案例资料

金属材料在常温或在结晶温度以下加工时会产生强烈的塑性变形，使晶格扭曲、畸变，使晶粒产生剪切、滑移，从而被拉长。这些都会使表面层金属的硬度增加，变形的塑性减少，这一现象称为冷作硬化。

冷作硬化是现代材料力学中提到的工艺及现象。而我国宋代就对此类现象有记载和应用。

宋代沈括于《梦溪笔谈》中记载：青堂羌善锻甲，铁色青黑，莹彻可鉴毛发，以麝皮为绤旅之，柔薄而韧。镇戎军有一铁甲，椟藏之，相传以为宝器。韩魏公帅泾原，曾取试之。去之五十步，强弩射之，不能入。尝有一矢贯札，乃是中其钻空，为钻空所刮，铁皆反卷，其坚如此。凡锻甲之法，其始甚厚，不用火，冷锻之，比元厚三分减二乃成。其末留箸头许不锻，隐然如瘊子，欲以验未锻时厚薄。如浚河留土笋也，谓之"瘊子甲"。今人多于甲札之背隐起，伪为瘊子。虽置瘊子，但元非精钢，或以火锻为之，皆无补于用，徒为外饰而已。

瘊子甲如图 7.6 所示。

图 7.6 瘊子甲

利用冷变形提高金属的硬度和韧性，是强化金属的重要方法。采用留瘢子的方式来测量加工程度，是当时简而易行的好办法。文中所说的"三分减二"的冷加工变形量，完全契合冷作硬化的规律。

资料来源：

沈括，1957. 新校正梦溪笔谈［M］. 胡道静，校注. 北京：中华书局.

3. 结合章节

本案例适用于《工程力学（材料力学）》（第 5 版，北京科技大学、东北大学编，高等教育出版社，2020 年）第 1 章第 1-5 节"拉伸和压缩时材料的力学性能"的教学。

4. 思政元素

中华民族的先辈们创造和发明了不计其数的材料和技术瑰宝。现代材料力学理论成熟前，中华民族的先辈们已经对金属材料的冶炼、加工形成了独到的科学认知，关于瘢子甲的工艺记载仅仅是沧海一粟。科学认识中华民族的文明，对民族自豪感的培养和民族精神的弘扬意义重大。

5. 课程思政教学目标

18 世纪，现代材料力学的基础与核心理论体系得以建立。但在这之前，中华民族的先辈们已经对材料的性能和应用有了客观认知，创造了流传至今的经典案例。通过本案例的学习，培养学生求真务实、实践创新、精益求精的精神，激发学生的爱国主义情怀和民族自豪感，使学生坚定"四个自信"，成为心系社会并有时代担当的技术型人才。

6. 案例描述

重点讲解低碳钢的拉伸实验，冷作硬化现象是其中最为核心的力学特征。

对冷作硬化现象及其对力学性能的影响进行讲解，引入瘢子甲的相关记载，让学生了解古人在工程实践中的创新精神，增强学生的民族自信心。

注意事项： 在工程案例讲解过程中，通过"时间早""技艺高""实践性强"等细节充分展现案例的特色，增强学生对中华文明的敬畏之感。

案例三

立足西部绘蓝图，边远地区展风采：
谈扭转切应力的大小和分布

曹书文

1. 案例主题

在工程力学课程中，扭转变形是杆件的四种基本变形之一。圆轴的扭转变形在机械中很常见。在讲授圆轴扭转切应力的分布规律时，引入国家对西部大开发的强化举措，介绍目前西部地区发展的各种机遇，建议学生结合专业特点，投入到西部建设中，展现自己的风采，实现人生价值。

2. 案例资料

圆轴发生扭转变形时的横截面的切应力分布规律表明，在保持其他条件不变的情况下，切应力的值在横截面上沿径向呈线性分布，在圆心处为零，在横截面的边缘处最大，切应力分布规律如图7.7所示（τ_{max}为最大切应力）。

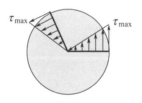

图 7.7 切应力分布规律

圆轴发生扭转变形时，在横截面边缘处产生的切应力最大。这一规律和我国边远地区的发展情况有相似之处。虽然边远地区条件相对较差、资源相对缺乏，但是当地政府对人才重视度高，更利于人才潜能的发挥，更能实现个人最大价值。

3. 结合章节

本案例适用于《工程力学（材料力学）》（第5版，北京科技大学、东北大学编，高等教育出版社，2020年）第3章第3-4节"圆轴扭转时的应力和变形"的教学。

4. 思政元素

志不求易者成，事不避难者进。习近平在给中国石油大学（北京）克拉玛依校区毕业生的回信中强调，希望全国广大高校毕业生志存高远、脚踏实地，不畏艰难险阻，勇担时代使命，把个人的理想追求融入党和国家事业之中。

胡锦涛同志在清华大学毕业后，先后在甘肃省、贵州省、西藏自治区等边远地区工作；温家宝同志在北京地质学院毕业后，长期在甘肃省工作……伟人在前行，为中华民族的复兴奋斗不止。

5．课程思政教学目标

通过本案例的学习，使学生认识到边远地区的发展需要人才，边远地区的情况更利于人才潜能的发挥。在边远地区，学生可以更好地实现个人价值，更好地为社会主义建设做贡献。

6．案例描述

重点讲解切应力的分布规律和切应力的大小。通过让学生理解切应力的分布规律，引导学生充分发挥自己的才能，为祖国的边远地区建设奉献青春。

案例四

向大自然学习，从生物中借力：
从生物仿生力学谈敬畏自然

芦 苇

1. 案例主题

本案例通过介绍甲虫鞘翅结构的结构力学特征、墨鱼骨微结构的受力行为等生物仿生力学案例，介绍自然中存在的精巧结构体系及其具备的超高力学性能，并引申出相关结构在现代工程中的成功应用案例，引发学生对大自然的敬畏之意，增强学生的生态文明意识，引导学生从多方面、多角度发现自然环境和生物演化进程中蕴含的精巧结构及神奇力学原理，建立仿生思维，树立高质量可持续发展观念，激发科研探索热情。

2. 案例资料

生物仿生力学是指通过对生物系统的结构、功能、信息控制、能量转化等优异性能进行研究，将这些优异性能应用于工程结构研发中。时至今日，生物仿生力学应用已经有了诸多成功案例，如表 7-1 所示，为人类的科技进步做出了重要贡献。

表 7-1 生物仿生力学应用

自然原理	工程应用	所属领域
蜂巢和龟背形结构	柔顺洗涤原理	洗衣机制造业
猫爪和蜘蛛网结构	汽车轮胎设计	汽车制造业
植物叶子伸展蜷缩功能	天线的伸缩原理	卫星与航天工业
莲花叶的超微结构	汽车表面、墙面防污	保洁工程
虹膜纹理结构	身份识别与安保技术	防伪、安保业
蜘蛛丝	人造纤维合成工艺	纺织业

在对生物仿生力学的研究中，最为重要的一项工作是对生物微结构受力机理的研究，如高强度、高韧性、耐疲劳的甲虫鞘翅结构、抗高压且结构稳定的墨鱼骨微结构。

（1）甲虫鞘翅结构仿生。

甲虫鞘翅结构的典型代表生物是生存于美洲沙漠地区的恶魔铁甲虫。其鞘翅是由前翅进化而来的，为甲虫提供了一个坚硬和高强度的骨骼框架。鞘翅的坚硬特性利于高速震颤，使得恶魔铁甲虫能实现高速飞行和敏捷躲避。

有关实验结果表明，恶魔铁甲虫骨骼能够承受的最大压力约为 149N，是其体重的 39000 倍，远大于成年人拇指和食指按在一起所能产生的力。通过显微镜、光谱学和原位机械抗压实验测试，发现此类甲虫具有的高强度骨骼框架及灵敏性主要源于其鞘翅的多尺度骨骼机械联锁结构，如图 7.8 所示。

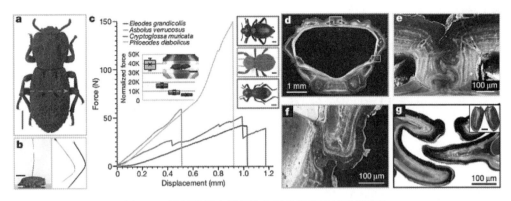

图 7.8　恶魔铁甲虫鞘翅的多尺度骨骼机械联锁结构

基于此，研究人员研究了联锁结构缝隙尺寸、椭球几何形态等因素对骨骼力学性能的影响，采用控制变量法和有限元分析法，剖析了结构的应力分布特征、应力状态及应力集中情况，揭示了恶魔铁甲虫鞘翅的强化、增韧机理。恶魔铁甲虫鞘翅结构力学行为有限元分析如图 7.9 所示。

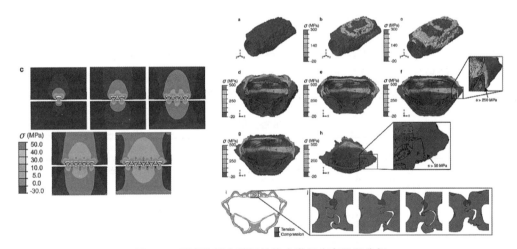

图 7.9　恶魔铁甲虫鞘翅结构力学行为有限元分析

（2）墨鱼骨微结构仿生。

目前人工合成的多孔材料，在结构复杂性和性能优越性方面远落后于竹子、骨骼、木材等许多天然生物多孔材料。向自然中的生物结构学习，模仿天然生物多孔材料的结构特征并理解其优异力学性能的潜在机制，将有助于下一代高性能多孔材料的设计。

墨鱼是一种独特的海洋软体动物。它能产生一种内部生物矿化的壳，该壳称为墨鱼骨。墨鱼骨属于一种超轻型的多孔材料（孔隙度约为 90%），但却能承受水下 100m 到 400m 的静水压，这相当于墨鱼承受了自身 5 万倍的重量。然而，墨鱼骨在墨鱼复杂的运动过程中仍能保持机械稳定性。

研究人员利用微计算机断层扫描技术发现天然墨鱼骨为层状结构，层间由不对称波浪壁连接。天然墨鱼骨的层层断裂方式使其具有零泊松比的性质，有利于墨鱼骨避免整体性破坏，保持结构稳定性。天然墨鱼骨的结构与力学性能如图 7.10 所示。

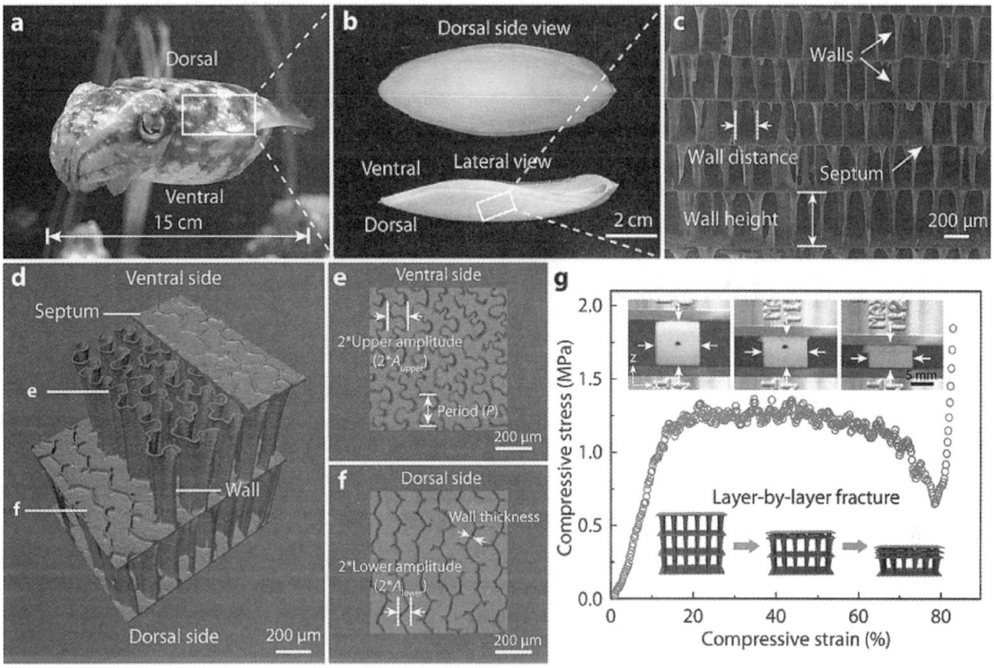

图 7.10 天然墨鱼骨的结构与力学性能

通过对比不同模型，研究人员发现天然墨鱼骨的不对称波浪壁结构可以同时实现抗压缩和抗剪切的性能。波浪壁结构的压缩强度为直壁结构的 10 倍，不对称波浪壁结构的剪切强度为对称波浪壁结构的 2 倍。墨鱼骨仿生材料模型及其力学性能的测试和模拟结果如图 7.11 所示。

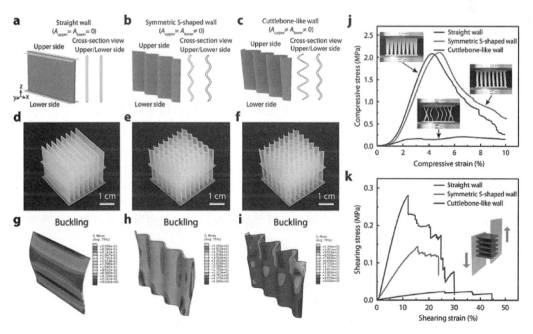

图 7.11 墨鱼骨仿生材料模型及其力学性能的测试和模拟结果

据此设计的仿墨鱼骨多层结构材料也显示出类似于天然墨鱼骨的层状结构，其能量吸收能力相比传统的聚合物泡沫提高了 20~25 倍。上述研究证明了层状结构有助于提高能量吸收能力，且可防止整体性破坏。

资料来源：

窦君智，2011. 甲虫鞘翅力学性能及其微结构研究 [D]. 南京：南京航空航天大学.

MAO A，ZHAO N，LIANG Y，et al.，2021. Mechanically efficient cellular materials inspired by cuttlebone [J]. Advanced materials，33（15）.

RIVERA J，HOSSEINI M S，RESTREPO D，et al.，2020. Toughening mechanisms of the elytra of the diabolical ironclad beetle [J]. Nature，586（7830）：543-548.

YANG T，JIA Z，CHEN H，et al.，2020. Mechanical design of the highly porous cuttlebone: a bioceramic hard buoyancy tank for cuttlefish [J]. The proceedings of the national academy of sciences，117（38）：23450-23459.

3. 结合章节

本案例适用于《工程力学（材料力学）》（第 5 版，北京科技大学、东北大学编，高等教育出版社，2020 年）第 7 章第 7-5 节"强度理论"的教学。

4. 思政元素

2020 年中央经济工作会议提到，要尽快解决一批"卡脖子"问题。由于当前国际形势复杂，某些国家对我国某些关键领域实施了严密的技术封锁，包括"华为芯片短缺""光刻机技术封锁"等一系列手段，导致相关行业发展处处受制，直接影响到我国经济社会发展目标的实现和综合国力的提升。

要解决这些"卡脖子"问题，关键要靠科技创新。而生物仿生力学是解决工程问题的重要途径之一，探寻自然界中各类生物的优异功能，通过对其组成材料、生物结构的深入研究、研发、制造出能够满足特定工程需求的新型高强材料、智能材料与创新结构体系，填补建筑、机械、通信及航空航天等关键领域的供应链空白，补齐木桶的各个短板，才能在激烈的国际竞争中赢得主动权、赢得优势、赢得未来，实现中华民族的伟大复兴。

5. 课程思政教学目标

通过本案例的教学，激发学生探索生物进化形成的精巧结构的兴趣；加强学生对大自然的敬畏之情；培养学生的力学素养和创新意识；引导学生树立助力中华民族伟大复兴的远大理想。

6. 案例描述

在讲解空间应力状态和强度理论概念与实例时，引入机械联锁结构、不对称波浪壁结构的受力分析，阐述此类材料在不同的结构几何形态及参数下的受力特点，从而引入甲虫鞘翅结构与墨鱼骨微结构的分析实例。

通过对甲虫鞘翅结构的讲解，引出其在工程中的隧道让压支护、机械联锁结构优化等实际应用场景。通过对墨鱼骨不对称波浪壁结构的讲解，引出此类零泊松比、负泊松比的超轻、高韧多孔材料在航空、航天、深海、深地等极端环境的局部缓冲应用场景。展示我国最新仿生力学的科技研发成果，帮助学生客观认识差距、建立民族自信、树立远大理想、传承创新精神。同时，引导学生学会向大自然学习，从生物中借力。

注意事项：在讲解案例时，强调生物仿生力学需要综合考虑原生物的结构形态、受力特征、生存环境和材料组成等众多因素，同时要结合未来的应用场景、性能需求和环境影响等，即"从自然来，到自然去"。这反映出人与自然和谐共生和经济高质量可持续发展的重要性；从发掘生物的优异功能，到构建模型、精细论证和设计优化，再到最后实现工业化制造，这是一个非常复杂而艰辛的过程，体现出科技工作者和劳动人民的创新精神、工匠精神和艰苦奋斗精神。

案例五

传承精湛营造技艺，脚踏实地提升职业素养：从悬空寺的"障眼法"谈结构受力体系

芦 苇

1. 案例主题

本案例通过介绍山西省的奇险建筑——悬空寺，使学生了解该建筑的选址因素、真实承载结构及视觉假象营造技法等。同时，本案例通过融合已学习的约束与约束反力、弯曲变形、压杆稳定、超静定问题等力学课程知识，在增强学生理论联系实际能力的同时，引发学生对我国古代工匠精湛营造技艺的认同感，激发学生探寻真理的热情，使学生理解"拨开表象、深挖本质"的重要意义。

2. 案例资料

悬空寺位于山西省大同市浑源县恒山金龙峡西侧的翠屏峰峭壁间，原名"玄空阁"。因其建筑极具特色，以如临深渊的险峻而著称，素有"悬空寺，半天高，三根马尾空中吊"的俚语。因其远观如一座空中楼阁，兀然"悬挂"于崖壁之上，且"玄"与"悬"同音，故现称"悬空寺"。悬空寺实景图如图7.12所示。

图 7.12　悬空寺实景图

悬空寺之所以能呈现这样一种奇观，主要是因为它综合运用了多种结构受力体系和力学原理，主要表现在以下几个方面。

① 悬空寺通过在岩石上凿孔并将横梁插入石孔形成悬臂支撑结构，然后通过在横梁上搭建基础工作平台，形成主要结构受力体系。横梁受力示意图如图7.13所示。

建造时，工匠需先在悬壁上开凿出工作平台，在石壁上凿出内大外小的石孔，再选用质

地坚硬的铁杉木，在一侧打上楔钉，浸泡桐油进行防腐处理后插入石孔。在横梁打入过程中，底部的楔钉将木材撑开，使其牢固地卡入石孔中（如图7.14所示），类似于现代的"膨胀螺钉"。

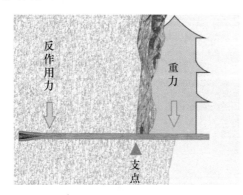

图7.13　横梁受力示意图

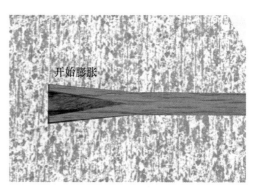

图7.14　横梁嵌固示意图

② 在横梁上设置立柱，再按照古代木结构营造技法依次搭建梁、枋等，并将梁架和斗拱等构件连接为一体，形成完整的殿阁框架（如图7.15所示）。此外，为获取更大的内部空间，工匠们在房屋面向山体石壁的一侧继续挖掘石窟，并通过门洞等形式打通连接，使得窟连殿，殿连窟，形成木结构高空摩崖建筑（如图7.16所示）。

图7.15　梁架和斗拱连接示意图

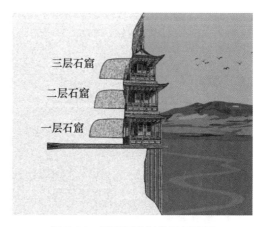

图7.16　石窟与殿阁关系示意图

③ 后世在殿阁下增设立柱，制造出建筑由这些颤颤巍巍的立柱支撑的假象。而实际上这些立柱并非主要支撑结构，在一般情况下并不承重，但在某些极端情况下，它仍能在一定程度上起到辅助支撑作用。例如，当横梁大变形时，立柱将承担一定压力，将横梁所承受的压力分解到岩石之上，形成超静定结构（如图7.17所示），为建筑增加一道防线。此外，大部分立柱可以用来支撑栈道（如图7.18所示），有些立柱则可以平衡殿宇楼阁的高低，共同构成一个完整和精密的支撑系统。

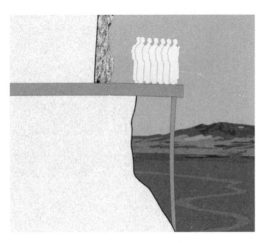

图 7.17　超静定结构　　　　　　图 7.18　立柱支撑栈道示意图

资料来源：

苏继龙，2020. 融合型工程案例在"材料力学"课程思政中的应用 [J]. 黑龙江教育（高教研究与评估）（8）：26-27.

孙杨，2019. 钟声闻瀚海 幢影拂天梯 山西大同悬空寺的建筑与文化 [J]. 中国宗教（7）：84-85.

许月梅，2011. 悬空寺"悬而不险"的力学揭秘 [J]. 力学与实践，33（2）：112-114.

左冉东，张铮，苏飞，等，2018. "空而不悬"的悬空寺 [J]. 力学与实践，40（3）：348-351.

3. 结合章节

本案例适用于《工程力学（静力学）》（第 5 版，北京科技大学、东北大学编，高等教育出版社，2020 年）第 1 章第 1-4 节"约束与约束力"的教学；《工程力学（材料力学）》（第 5 版，北京科技大学、东北大学编，高等教育出版社，2020 年）第 6 章第 6-6 节"静不定梁"和第 9 章第 9-1 节"压杆稳定的概念"的教学。

4. 思政元素

悬空寺将力学、美学、宗教融为一体，其选址之险，建筑之奇，结构之巧，以及所蕴含的丰富的宗教文化内涵，堪称人类建筑史上的奇迹。古代工匠巧妙地将立柱这一非主要承重构件展示在结构外部，而将主要受力的横梁通过岩壁凿孔的方式隐藏了起来，使人们误认为整个建筑仅由几根细长的木杆支撑。古代工匠通过这种构造轻易地"骗过"了人们的眼睛，使人们感觉建筑犹如悬空一般，异常神奇。作为力学专业学生，更应该基于专业知识对这类违反常理的情况保持质疑态度，同时拨开立柱支撑的"假象"、深挖横梁承重的"本质"。在日常生活和工作中，也应该保持质疑态度，用专业知识去剖析事物的内在科学原理，抓住本质和关键所在。

5. 课程思政教学目标

本案例综合了多个材料力学核心知识点，通过本案例的学习，引发学生对我国古代工匠精湛营造技艺的认同感和民族自豪感；使学生认识到力学知识在工程实践中具有重要意义；引导学生形成善于拨开表象，深入剖析事物本质的科学素养和求源意识；提升学生的创新能力；引导学生树立报效祖国的理想信念。

6. 案例描述

从悬空寺的建造看古人的力学智慧，回顾与课程内容相关的知识点，同时通过介绍悬空寺来引起学生的兴趣和思考。该案例紧密结合"材料力学"课程内容，同时又能体现理论联系实际的理念、创新思维和不惧艰难的职业操守，实现了专业知识和思政元素的自然融合，且具有一定的科普性和趣味性。

注意事项：以悬空寺为例，将其基础横梁与立柱受力体系提炼为一端固定一端铰支的超静定问题，展开超静定问题的分析与求解，从而增强学生对于古人智慧的敬佩之意。

第八篇
"图学"课程思政教学案例

案例一

将知识转化为生产力：
中国图学学科建设的奠基人——赵学田

张 婕

1. 案例主题

赵学田将深奥的投影规律转化为浅显易懂的口诀——长对正、高平齐、宽相等，使千千万万的机械工人快速学会了识图、画图，摘掉了"图盲"的帽子，极大地推动了图学知识与科学技术的社会化，也推动了新中国的工业化进程。赵学田也被称为"服务于工人阶级的知识分子"。

2. 案例资料

20世纪50年代初，国家大规模经济建设正值初期，机械工业首先碰到的问题是工人文化和技术水平低，看不懂图纸，经常生产废品和返修品。此时，开展科学技术普及工作、为国家的生产建设服务是每个科学技术工作者的责任。

赵学田凭借长期从事机械制图教学和在工厂培养新工人的实践经验，利用业余时间编写《机械工人速成看图》，又将其带到了武昌造船厂，在教学中产生了极好的效果，大大提高了生产效率。

在《机械制图自学读本》一书中，赵学田将"三视图投影规律"口诀总结为"主视俯视长对正，主视左视高平齐，俯视左视宽相等，三个视图有关系"，而后又演化成"长对正、高平齐、宽相等"的"九字诀"，将深奥的投影规律转化为浅显易懂的口诀。"九字诀"很快得到了教育界、科技界的重视与认可，被全国各种制图教材广泛采用，极大地推动了图学知识的普及，促进了工业生产技术的发展。

赵学田历经了中华民族从屈辱、奋斗、崛起到兴盛的沧桑巨变，他踏着时代节拍，砥砺前行，持身严谨，不骄不躁，兢兢业业，死而后已，因图学方面的成就赢得了人民的尊敬。他的一生是中国当代图学发展历程的写照，他为中国图学发展做出的贡献，足以垂范后人。

资料来源：

陈天照，1992. 我们的老师赵学田 [M]. 武汉：华中理工大学出版社.
刘克明，2016. 赵学田对中国图学学科建设的贡献 [J]. 图学学报，37（4）：443-450.

3. 结合章节

本案例适用于《工程制图基础》（第四版，孙根正、王永平主编，高等教育出版社，2019年）第2章第2.1节"概述"的教学。

4. 思政元素

赵学田所著的《机械工人速成看图》和《机械制图自学读本》让千千万万机械工人从

"图盲"变成了"行家",为新中国培养了大批掌握新技术的工人。当代大学生应该向赵学田学习,树立将知识转化为生产力、服务于社会和人民的学习目标。

5. **课程思政教学目标**

通过投影基本知识的教学,引导学生学习赵学田将"所学转化为所用"的意识理念,并能够熟练掌握三视图之间的关系;通过讲解"九字诀"的历史,使学生感受中国工业崛起的初期步伐,并激发学生为当代中国工业做出贡献的热情。

6. **案例描述**

针对自然界的现象——影子,提问问题:影子的形成有哪些要素?进而引出相关的基本知识概念——投影法的分类及应用。然后讲解为什么工程中常使用正投影法来绘制形体的三视图,并探讨三视图的投影规律,从而导入"九字诀",展开介绍赵学田。

注意事项:重点突出赵学田在图学知识推广时的严谨作风和化繁为简的技巧,从而让学生更好地理解和牢记相关知识。同时,和学生讨论作为科技工作者,应如何将所学的知识转化为社会生产力。

案例二

创新时代下的思维：发散思维的培养

张　婕

1. 案例主题

发散思维是培养学生创造性思维和综合能力的核心与基础。发散思维具有思维创新的功能。它不仅能够帮助我们发现新问题，而且能给所要解决的问题提供众多新设想。在全民创新的时代背景下，当代大学生应该突破思维定式，大胆想象，提升创新能力。

2. 案例资料

事物具有多种多样的性质，人们已经认识到的性质可能只是其中的一部分。为了寻求事物可能具有的其他性质，人们常常需要运用发散思维。发散思维，又称为辐射思维，是指根据已知的事物信息，从不同的角度、不同的方向思考，以寻求解决问题的多样性答案，是一种展开性的思维方式。不同的人有不同的思维风格，也有不同的思维发散方法与诀窍。发散思维有平面思维、逆向思维、侧向思维、横向思维和多路思维等多种形式。

20世纪50年代，世界各国都在研究制造晶体管的原料——锗。其中的关键技术是将锗提炼得非常纯。诺贝尔奖获得者、日本著名的半导体专家江崎玲于奈和助手在长期试验中，无论怎样仔细操作，总免不了混入一些杂质，严重影响了晶体管参数的一致性。有一次，他突然想，假如采用相反的操作过程，有意地添加少量杂质，结果会是怎样呢？经过试验，当锗的纯度降低到原来的一半时，一种性能优良的半导体材料终于诞生了。这是逆向思维的成功事例。

在复杂形体的投影图中，一条轮廓线可以代表两平面的交线；可以代表两个不共面的分界线；可以代表一个平面或者曲面的积聚性投影；可以代表曲面的转向轮廓线。当我们面对这样的轮廓线时，要充分运用发散思维，大胆想象轮廓线所表达的空间含义，再依据其他条件构造可能的形体。

资料来源：

庞维国，韩建涛，徐晓波，等，2016. "要有创造性"指导语效应及其对创造性教学的启示［J］. 心理与行为研究（5）：701-708.

3. 结合章节

本案例适用于《工程制图基础》（第四版，孙根正、王永平主编，高等教育出版社，2019年）第9章第9.8节"组合体视图的阅读"的教学。

4. 思政元素

"创新"是国家发展的动力。发散思维常常是培养创新思维的突破口。鼓励学生大胆想象，引导学生发表独特见解，这是在教学过程中提升学生创新能力的重要手段。

5. 课程思政教学目标

在形体构造的过程中，教师要创造性地教，使学生创造性地学。引导学生将机械性记忆变为理解性记忆，让学生尝到学习、创造的乐趣，引导学生尽可能多地给自己提一些"假如""假定""否则"之类的问题，让学生不断变换角度去思考，进而激发学生的创造潜力。训练学生沿着新方向、新途径去思考新问题，弃旧图新、超越已知，寻求首创性的思维。

6. 案例描述

在组合体读图的教学过程中，教师可以给出如图 8.1 所示的组合体构型题目，并让学生展示其答案。

题目中已知形体的俯视图和左视图，让同学们想象，有多少种形体可以满足已知的视图，并绘制相应的主视图，图 8.2 为可能的组合体构型形体。

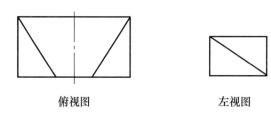

俯视图　　　　　　　　左视图

图 8.1　组合体构型题目

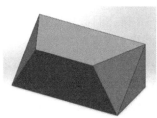

图 8.2　可能的组合体构型形体

教师应不急于判断答案对错，而是引入教学内容：读图的基本要领和基本方法。在练习过程中，引导学生形成发散思维。当学生掌握一定的读图要领后，再回头检验之前的答案是否正确，并引导学生开展讨论。

注意事项：教师在教学中要让学生建立自信、承认自我，同时鼓励学生求新。

案例三

激发创新思维：引领世界的中国创新成果

李 明

1. 案例主题

本案例通过对邹磊撰写的《引领世界的中国创新》进行简单介绍，让学生了解当代中国创新的内容，拓宽学生的创新视野和思路，激发学生的创新热情，使学生意识到创新无处不在，理解创新对于国家和人民的价值，进而在学生心中播下科学技术创新的种子。

2. 案例资料

国家的崛起，离不开技术创新。现在我国已经在很多领域领先全球，《引领世界的中国创新》一书介绍了一系列中国领先世界的创新成果。

例如，在航空航天领域，"鹊桥"中继星首次实现在国际地月 L2 点的测控和中继通信，中国还制造出了当时世界在研最大的水陆两栖飞机——"鲲龙"AG600 全状态新构型灭火飞机；在生命生物领域，世界首个体细胞克隆猴——"中中"诞生，对于脑疾病、脑科学等研究都具有重大意义；在物质材料领域，我国在国际上首次在原子尺度揭示水的核量子效应，获得了单个水分子的高分辨振动谱，测得了单个氢键的强度，澄清了氢键的量子本质；在智能网联领域，北斗系统提供全球服务；在交通领域，港珠澳大桥开通，能抗 16 级台风、8 级地震，是当时世界上最长、最深的海底公路沉管隧道。

对制图课程的学习，尤其是对难点知识的学习，同样需要学生去思考新的方法，来创新解题。制图课程中"几何元素间的相对位置"的综合题是对点、线、面知识的综合运用，难度较大，也是学生学习的痛点，传统求解方法运用的知识点相对较多，若不会其中某一点知识，题目就难以正确求解。那么，有没有一种容易求解、学生又好掌握的新方法呢？

换面法可以通过构建新的投影面，把几何元素的一般情况转换为特殊情况，化繁为简，以一种新的视角来审视题目。学生只要理解了题目，并掌握了换面法"设新轴→作垂线→量距离"这一基本作图步骤，便容易顺利求解题目。

资料来源：

邹磊，2017. 引领世界的中国创新 [J]. 中国信息化（9）：105.

3. 结合章节

本案例适用于《工程制图基础》（第四版，孙根正、王永平主编，高等教育出版社，2019 年）第 5 章第 5.1 节"基本概念"的教学。

4. 思政元素

通过自主创新，我国已经在很多技术领域实现重大突破。学生要树立忧患意识，努力弥补技术差距，保持我国技术领先。创新能力是可以通过努力学习、认真训练培养出来的，要激励更多学生勇攀科技高峰。

5. 课程思政教学目标

本案例通过对中国不同领域创新成就的介绍，激励学生在遇到问题时，勤于思考，努力寻找新的、合理的解决方法，从而树立学生的创新意识，坚定学生的创新信念，提升学生的创新能力，引导学生做一个祖国需要的"创新型人才"。

6. 案例描述

在教学中，教师应指出学生在绘图解题时出现频次较多的错误，提示绘图求解方法的非唯一性，让学生思考新的求解方法。同时，引入中国创新成果的案例资料，简要列举当代中国在不同领域取得的成就，以及这些成就带来的便利，通过讲述中国人的创新智慧，激发学生的自豪感和创新动力。

案例四

在"规矩"中画方圆:严格执行国家制图标准

王晓明

1. 案例主题

"矩不正,不可为方;规不正,不可为圆。"在"规矩"中严格执行国家制图标准是学习制图课程的重要目标;在"规矩"中培养具有标准化意识、全局意识、法律意识等工程意识的人才,更是我们工科大学教育的重要任务。

2. 案例资料

图是用思维把握客观世界的空间形式和数量关系的工具。

孟子曰:"离娄之明,公输子之巧,不以规矩,不能成方员;师旷之聪,不以六律,不能正五音。"《孟子·注疏》:"圣人既竭目力焉,继之以规矩准绳,以为方员平直,不可胜用也。"冯时先生在研究中经常引用《周髀算经》的圆方图和方圆图,如图8.3所示。《周髀算经》中记载的"数之法,出于圆方。圆出于方,方出于矩,矩出于九九八十一"是对圆方图和方圆图的解释。

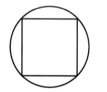

图 8.3　圆方图和方圆图

王树声把内含等边三角形的矩形构图,带到建筑研究中。他用此方法对隋唐长安城进行了分析,如图8.4所示。

从古至今,我们的民族都很注重各项"规矩",随着时代的发展,"规矩"已经发展为各项行业"标准",我国目前已制定了包括制图标准在内的多项国家标准,已成为标准化工作较为先进的国家之一。

资料来源:

冯时,2006. 中国古代的天文与人文 [M]. 北京:中国社会科学出版社.
刘敦桢,1980. 中国古代建筑史 [M]. 北京:中国建筑工业出版社.
王树声,2009. 隋唐长安城规划手法探析 [J]. 城市规划 (6):55.

3. 结合章节

本案例适用于《工程制图基础》(第四版,孙根正、王永平主编,高等教育出版社,2019年)第1章第1.3节"几何作图"的教学。

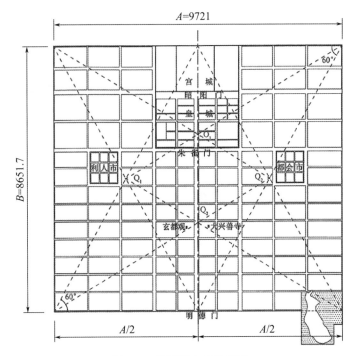

图 8.4 隋唐长安城分析图

4. 思政元素

通过讲授案例，引导学生以规矩为基础，用尺规绘蓝图。大到法律法规、国家和行业标准，小到校纪校规，学生都应该严格遵守，这样才能使社会、集体共同进步。

5. 课程思政教学目标

制图工作是工程设计工作的重要部分，而指导制图工作的灵魂就是制图标准。本案例通过将"几何作图"与"守纪律、讲规矩"相结合，引导学生形成严格执行制图标准的工程意识，养成认真细致的态度、规范守法的思想和科学严谨的作风。

6. 案例描述

首先，教师要强调工程图样被喻为工程界共同的"技术语言"，要高效率、高质量地绘制、识读工程图样，就必须严格按照制图标准的规定执行。

其次，通过讲授制图基本知识，教会学生正确使用绘图工具，引导学生在绘图过程中掌握并遵守常用的国家标准。

最后，教师在演示几何作图过程时应注意，强调尺规的规范用法，使学生能够熟练地使用绘图工具——直尺、圆规、分规、三角板、丁字尺等，掌握好作图的技能。

案例五

弘扬华夏文明、传承工匠精神：中国建筑史

张淑艳

1. 案例主题

中国建筑史悠久而辉煌。从"构木为巢"到"雕梁画栋"，从土木结构到钢混框架，建筑是中华历史文化的斑斓画卷中浓墨重彩的一笔，诸多古建筑作为举世瞩目的文化遗产，对世界建筑史有着深远的影响。本案例通过介绍中国经典建筑与建筑技术的发展，弘扬华夏文明，传承工匠精神，增强文化自信，促进学生对优秀传统文化传承与发扬的使命感与责任感。

2. 案例资料

建筑是凝固的历史，也是一种精神活动，是政治、经济和文化的产物。

在漫漫的中国建筑历史长河中闪耀着一颗颗璀璨的明珠。陕西半坡遗址发掘的方形与圆形浅穴式房屋距今已有六七千年的历史；万里长城蜿蜒盘踞在崇山峻岭之间，堪称人类建筑史上的奇迹；赵州桥可以称为桥梁建筑史上科学性和艺术性相结合的精品，走在了世界桥梁科学的前列；山西应县木塔高达67.31米，是世界现存最高的木结构建筑。

随着建筑思想日趋成熟，建筑技术不断进步，夯筑技术的出现使建筑形成了木工和土工的专业分工，又因为对建筑美的要求，促成了彩绘和雕刻的专业化，建筑活动逐渐开始追求艺术审美。同时，榫卯结构这个精巧的发明，使得中国传统的木结构成为超越当代建筑排架、框架或者刚架的特殊柔性结构体，不但可以承受较大的荷载，而且允许产生一定的变形。在地震荷载下，榫卯结构可以通过变形抵消一定的地震能量，减小结构的地震响应。基于建筑技术的成熟与对建筑审美的追求，故宫成为世界上建筑精美、保存完整的大规模建筑群，雕梁画栋、气势恢宏。故宫的贡献不仅表现在其设计成果的现实化，还体现在其设计过程本身——图样的绘制与模型的制作。不论是建筑理念，还是实际建造，故宫都蕴含着无穷的智慧。这些现存技术高超、艺术精湛、风格独特的建筑，在世界建筑史上自成系统，独树一帜，凝结了劳动人民的无穷智慧与匠心精神，组成了我国灿烂的建筑文明。

今天，多功能、超规模的建筑不断崛起，出现了大量的装配式建筑。装配式建筑是以构件工厂预制化生产、现场装配式安装为模式的新型建筑生产方式，是绿色建筑技术，而绿色建筑正是建筑未来的发展方向。

资料来源：

段步军，2014. 谈中国建筑发展史 [J]. 山西建筑，40（24）：24-25.

梁思成，2005. 中国建筑史 [M]. 天津：百花文艺出版社.

3. 结合章节

本案例适用于《土建图学教程》（第二版，雷光明、文佩芳、施林祥等主编，高等教育

出版社，2009年）第2章第2.1节"概述"的教学。

4. 思政元素

中国的建筑文明在世界土木工程发展史上独树一帜，是华夏文明的璀璨瑰宝，历经数千年却并未随时光流转而湮没在历史尘埃中，它又如一部凝固的史书，蕴含着先辈们的智慧与匠心精神。中华民族是勤劳、智慧的民族，有浓厚的历史文化底蕴且不乏创新精神。本案例可以增强当代大学生的文化自信与民族自信、弘扬华夏文明、传承工匠精神。

5. 课程思政教学目标

通过本案例的学习，使学生提高学习兴趣，培养严谨细致的工作作风，为将来的专业课学习夯牢坚实的制图基础。同时，引导学生树立创新意识、努力学习，用实际行动为全面建成社会主义现代化强国、实现中华民族伟大复兴的中国梦做出贡献。

6. 案例描述

首先，列举古建筑，并对故宫进行详细介绍。在故宫的设计施工中，图纸与烫样（建筑三维模型）起着至关重要的作用，这也充分体现了制图课程的地位。

其次，重点介绍榫卯结构这种凸凹结合的连接方式，其外在滴水不漏、内在暗藏乾坤，匠心独具，是近代建筑的核心技术，也为现代建筑提供了设计灵感。

最后，介绍现代新型的建筑结构与材料，引入绿色建筑的概念，让学生了解建筑未来的发展方向，明确学习目标，树立起历史责任感与使命感。

案例六

团结协作、众志成城：疫情下的中国速度

张淑艳

1. 案例主题

一场疫情突如其来，人民至上的中国精神成为众志成城、共克时艰的力量之本、信心之源，凝聚起抗击疫情的强大精神力量。我们做了一回火神山医院、雷神山医院的云监工，亲身体验中国速度之神奇。本案例以建设火神山医院为例，让学生深切体会爱岗敬业的专业态度与团结协作、无私奉献的爱国精神。

2. 案例资料

民为邦本，本固邦宁。2020年1月，武汉确认新型冠状病毒感染疫情后，以习近平同志为核心的党中央集中统一领导、统一指挥，迅速调派数百支医疗队驰援武汉，以最快速度建成火神山医院、雷神山医院，而速度的背后，是先进的管理和技术，是建设者们的不舍昼夜、奋力拼搏。火神山医院、雷神山医院成为全国各地数千名建设者团结协作、共同筑牢的疫区"生命防线"。

建立火神山医院，看似简单，实际是很难的。

1月23日下达任务，2月2日完工交付，火神山医院从开工到投用，只用了10天时间，其总建筑面积3.39万平方米，可容纳1000张床位。

"中国速度"来源于综合国力。火神山医院建设期间，全国各地各个行业都调动了起来，从物资到技术，从硬件到软件，都体现了中国综合国力的增强。

建筑施工的过程非常复杂，施工的项目与环节很多，只有施工人员团结协作，各个环节相互促进、相互配合，加强对施工的监督与管理，才能保证建筑施工的有效进行，保证项目工程的质量与进度。

资料来源：

王永昌，李佳威，2020. 在抗击疫情中展现中国精神[N]. 人民日报，04-27（9）.

徐海波，2020. 揭秘火神山雷神山医院建设背后的"中国力量"[N]. 经济参考报，02-24（4）.

3. 结合章节

本案例适用于《土建图学教程》（第二版，雷光明、文佩芳、施林祥等主编，高等教育出版社，2009年）第3章第3.7节"房屋施工图的阅读"的教学。

4. 思政元素

一堆沙子是松散的，可是它和水泥、石子、水混合后，比花岗岩还坚韧，同样，一个人的力量是渺小的，但当无数个渺小的我们紧紧抱团在一起的时候，力量就会得到成倍的扩

大。中国人民团结一心抗击新型冠状病毒感染疫情，向世界展示了中国速度。本案例激励学生做一个有责任、有担当、爱岗敬业且懂得团队协作的技术人才。

5. 课程思政教学目标

通过本案例的学习，培养学生团结协作的精神、细致严谨的工作作风，引导学生齐心协力建设富裕、文明、和谐、美丽的家园。

6. 案例描述

首先，介绍施工图的组成。

其次，引入建筑施工中团队的分工与协作：一线医护人员冲锋陷阵，其他各行各业的工作人员是坚实的后勤保障，他们以职业操守和专业能力守护着人民群众，传递着生命的力量。

最后，重点介绍火神山医院的建设，突出在设计和施工的过程中，各行各业人们团结协作的重要性。

狂风难毁万木林，当代大学生不论是在学习中还是未来的工作中，都要注重增强团队协作意识，从而产生协同效应。

案例七

秩序、规范与美的科学思维：建筑尺度

张淑艳

1. 案例主题

建筑具有实用功能、艺术功能与精神功能。建筑的实用与美的一个重要体现就是建筑尺度。本案例鼓励学生加大对人文、艺术与人体工程学的关注，帮助学生培养理论联系实际的意识，建立注重建筑尺度的科学思维。

2. 案例资料

在高山之巅、大海之滨，在喧嚣的城市、宁静的村落，在远古、现代与未来，建筑，一直点缀着人类文明的沧海桑田。从广义的角度来理解，可以把建筑看成一种人造的空间环境，这种空间环境一方面要满足人们的使用要求，另一方面还要满足人们精神感受上的要求。建筑是具有一定的数学比例的匀称整体，比例是建筑美的基础，建筑尺度则是建筑美的具体化表现。

建筑尺度可以造就人们所需要的建筑氛围。

人民大会堂是现代建筑史上的佳作，其运用的建筑尺度、比例是创造良好心理效果的成功范例。人民大会堂内部宽76m、深60m、高33m，空间偌大，如果处理不好势必会使人们产生压抑感。设计者独具匠心，采用明暗对比的手法，充分利用人的视觉差，增加了层次感，在整体建筑尺度及比例方面创造了一个完美的空间，天棚采用三道光环，层层退晕，棚与墙的界面圆角相连，造成了满天星斗、水天一色、浑然一体的空间效果，使人产生舒适愉悦的感受。

故宫是为体现帝王的政治权力而服务的，体现了封建宗法礼制和帝王权威。整个建筑群富丽堂皇、宏伟庄严、巍峨崇高，其精神的表达无疑是非常成功的。

在建筑中，楼梯是必不可少的起交通作用的构件，不同功能的建筑物，或所面向的人群不同的建筑物，其楼梯尺寸也有所区别。室内楼梯踏步尺寸一般为150mm×300mm，扶手高度一般为900～1000mm；而在幼儿园设计中，室内楼梯踏步尺寸一般为120mm×280mm，扶手高度一般为700mm。如果不这样设计，就容易给人们的心理造成不良影响，甚至存在安全隐患。

综上所述，建筑尺度是指在不同的空间范围内，建筑物的整体或局部给人的大小印象与其真实大小之间的关系。

资料来源：

张晓健，李生效，1999. 建筑尺度与人的心理 [J]. 沈阳建筑大学学报（自然科学版），15(2)：191-194.

3. 结合章节

本案例适用于《土建图学教程》(第二版，雷光明、文佩芳、施林祥等主编，高等教育出版社，2009 年）第 2 章第 2.7 节"建筑详图"的教学。

4. 思政元素

建筑尺度有时会因为宗教、政治、艺术等原因需加以夸大，但一般来说，以人体尺度与视觉心理为本源是设计建筑尺度的原则。作为工程技术人员，不应脱离实际，应以实用为基础，遵循秩序与规范，同时兼顾美的表达。

5. 课程思政教学目标

通过本案例的学习，引导学生遵循设计规范，严守制图标准，同时鼓励学生将科学与艺术相结合，培养理论联系实际的意识，注重建筑尺度设计，建立秩序、规范与美相结合的科学思维，勇攀建筑高峰。

6. 案例描述

首先，从宏观角度介绍建筑尺度的重要性。例如，人民大会堂设计所体现的庄严与灵动。引导学生了解建筑尺度对建筑所表达的精神内涵与美的影响。

其次，详细讲解楼梯尺寸的设计与人体工程学的关系，通过众多生动的案例加深学生对小尺寸设计规范的记忆与理解，培养学生的科学思维。

最后，教师可鼓励学生自行查阅相关资料进行学习，提高对课程的学习兴趣，巩固所学知识，拓展学习的深度与广度。

案例八

珍惜资源，变废为宝：建筑废料的循环再利用

赵花静

1. 案例主题

混凝土的大量使用会导致现有资源匮乏，同时大批量混凝土废料的产生会加剧环境污染。本案例通过介绍混凝土应用所造成的建筑废料问题，引导学生对废弃资源的循环再利用问题进行思考，呼吁学生珍惜现有资源，为建筑工程的绿色发展和可持续发展贡献自己的一份力量。

2. 案例资料

随着城市建设的快速发展及建设进程的加快，新建工程在施工中需要的混凝土用量越来越大，而维修和拆除旧的建筑物又会形成大量的废弃混凝土。我国每年由于拆除建筑物而产生的固体废弃物在 2 亿吨以上，建筑垃圾占城市总垃圾的 30%～40%，如果将它们随便堆积在空地上，将会导致土壤、空气及水质的污染。因此，减少建筑垃圾的产生，以及对建筑生产中产生的建筑废料进行合理处理，是当前亟须解决的问题。

为了节约资源，我们应考虑混凝土的使用对生态环境的影响，以及混凝土废弃物的再使用问题。将建筑废料合理地回收利用，再将其投入建筑生产中，实现"变废为宝"，符合绿色发展理念和可持续发展战略。再生混凝土技术是建筑废料再利用的一种有效途径，将旧建筑物或者结构物解体后的废弃混凝土粉碎，并分级为粗骨料和细骨料，用以代替部分砂石配置，形成新的再生混凝土，可用于道路的铺设、建筑结构构件的制作、桥梁的建设等。例如，可以把砖石和废弃混凝土等废料做加工处理，之后再添加合理的固化材料，将其生产成为强度不一的建筑材料，就可作为建筑物基础垫层或道路基层的材料。

在现代技术与工艺下，再生混凝土的抗压强度、抗拉强度、粘结强度、抗磨性、抗腐蚀性等材料性能均有良好的表现，弥补了废弃混凝土空隙大、裂纹多等缺点，应用范围越来越广泛。再生混凝土的出现使废弃混凝土成为可用的宝藏，这对建筑工程的绿色发展和可持续发展非常重要。

资料来源：

邓子辉，吴华军，梁敬之，等，2019. 我国建筑垃圾回收及再利用情况的研究 [J]. 中国住宅设施（8）：12-13.

喻乐华，2010. 现代混凝土的进展及应用 [J]. 华东交通大学学报，27（4）：1-6.

3. 结合章节

本案例适用于《土建图学教程》（第二版，雷光明、文佩芳、施林祥等主编，高等教育出版社，2009 年）第 3 章第 3.1 节"概述"的教学。

4. 思政元素

通过再生混凝土技术，可以将废弃混凝土变废为宝，实现资源的循环利用，达到建筑工程的绿色发展和可持续发展。本案例通过讲解混凝土应用所造成的建筑废料问题，激发学生的工程创新意识，引导学生积极发挥所学、所思、所想，认识事物的两面性，同时引导学生树立保护环境、发展绿色建筑、促进建筑工程可持续发展的理念。

5. 课程思政教学目标

本案例通过引出混凝土应用中存在的问题，使同学们带着问题去学习，呼吁学生珍惜现有资源，激发学生的社会责任感和环境保护意识，从而树立构建人类命运共同体的理念。同时，启发学生的工程创新思维，培养学生形成细致严谨的工作作风，树立绿色建筑的可持续发展理念。

6. 案例描述

教师在讲解钢筋混凝土结构的基本知识时，需要首先给学生普及建筑工程行业涉及的众多建筑材料的优缺点及应用问题。其次，教师重点以混凝土材料为例，介绍混凝土材料的优缺点，详述目前混凝土材料的广泛应用及其所带来的资源消耗和环境污染问题。最后，启发学生思考建筑废料的处理问题，以及如何实现对现有资源合理利用的问题。

本案例是对学生课程内容学习的拓展，不仅仅要讲授材料的有关性能，更重要的是要引导学生对事物进行辩证思考，做到变废为宝。通过采用具有启发性思维的教育方法，挖掘学生的创新潜力，提高学生的创新能力，建立理论知识与实践应用的紧密联系，使学生对所要完成的学习目标更加明确。

案例九

以人为本，匠心筑梦：
建筑工程质量问题之教训与思考

赵花静

1. 案例主题

目前建筑行业存在一些工程质量问题，其形成原因具有普遍性、复杂性及多样化等特点。本案例通过分析工程事故与责任心、职业道德的关系，让学生从内心深处建立起社会责任意识和职业敬畏感，真正理解"以人为本，匠心筑梦"。

2. 案例资料

建筑质量通病是建筑工程质量问题的统称，它的存在会对建筑使用效果产生一定的影响，导致建筑物的安全性大幅降低，甚至会直接威胁到人们的生命和财产安全。"豆腐渣工程"是指那些因违反施工规定、偷工减料、设计考虑不周等而质量不达标、危险且容易毁坏的工程。以下几个具体案例是典型的工程事故。

（1）上海楼盘倒塌事故。

2009年6月27日，上海莲花河畔景苑小区一栋在建的13层住宅楼（7号楼）向南发生倾斜，并在半分钟内全部倒塌。庆幸的是，在大楼开始倒塌时，绝大多数工人成功撤离，只有一人因正在楼里取工具，耽误了宝贵时间，跳窗后不幸身亡。在7号楼倒塌后仅一天，附近一河堤发生塌方。后期人们进行事故原因分析发现，6月20日，施工方曾在事发楼盘前方开挖基坑，土方紧贴建筑物堆积在7号楼北侧，在短时间内堆土过高，最高处达10m左右，产生了近3000t的侧向力。与此同时，紧邻7号楼南侧的地下车库基坑开挖，深度达4.6m，大楼两侧的压力差使土体产生水平位移，导致楼房产生10cm左右的位移，对预应力高强混凝土管桩产生很大的偏心弯矩，最终导致桩基被破坏，引起楼房整体倒塌。从这一事故可以看出，土方堆放不当，开挖基坑违反相关规定，都是导致楼房倒塌的直接原因。

（2）韩国三丰百货大楼倒塌事故。

1995年6月29日，韩国首尔的三丰百货大楼发生倒塌，共造成502人死亡，937人受伤，成为韩国历史上发生在和平时期的最严重灾难。建造中途，这座建筑的用途从写字楼变成百货大楼，也就此埋下了悲剧的种子。为了安装电梯，施工方不得不拆除一些关键的支撑柱。同时，这座大楼原定建四层，最后却又加盖了一层，支撑结构承受的重量远远超出最初设计。此外，施工方使用不达标的混凝土，将原定的钢筋数量从16根减至8根，混凝土支撑柱的直径也不符合标准。顶楼的重量大幅增加，结构支撑却大幅度缩水，这两大因素造成了大楼倒塌致命的结果。

（3）衡州大厦火灾坍塌事故。

2003年11月3日，湖南衡阳发生了一场特大火灾，使得衡州大厦发生了坍塌。后经调查发现，衡州大厦是一项"豆腐渣工程"：梁柱钢筋数量不足，楼板厚度不够。有居民反映，从他们入住后的第二年开始，"厨房和厕所的墙壁、天花板就开始渗水""客厅中间的横梁上出现裂缝"。建筑质量不过关，加上长时间大火燃烧，大楼的坍塌便不足为奇了。

从以上几个具体案例我们可以看出，建筑质量通病的形成原因具有普遍性、复杂性、多样化等特点。无论原因是哪种，其结果都是惨痛的，对人民的生命安全和国家的经济都会造成不可估量的损失。

我国古代有着许多坚固耐用的建筑，即便经历沧桑岁月，依旧屹立不倒，令人赞叹称奇。例如，宏伟壮丽的北京故宫，古典文化的艺术宝库敦煌莫高窟，等等。我国古代建筑质量如此之高，一个重要原因是古代工匠们的高超技艺和巧妙设计；另一个很重要的原因是"物勒工名"制度和行业监督制度。"物勒工名"制度是指工匠们必须把名字刻在自己的作品之上，一旦发生问题，官差则对照名字抓人；行业监督制度则是指由不同行业组成协会，并由协会派人监察各行业从业人员的工程。从古至今，建筑工程师都必须掌握扎实的专业知识，严格遵守国家规范，时刻将安全和责任放在首位。

3. 结合章节

本案例适用于《土建图学教程》（第二版，雷光明、文佩芳、施林祥等主编，高等教育出版社，2009 年）第 3 章第 3.3 节"钢筋混凝土构件图"的教学。

4. 思政元素

遵守职业规范、扎实掌握力学计算方法、做好结构设计，是建筑工程师必备的素质。如果违背建设程序，不规范施工，就会导致建筑质量通病。本案例通过分析工程事故与责任心、职业道德的关系，对比沿用至今且造福人类的古代建筑，引导学生深切体会"以人为本，敬业奉献"是匠心筑梦的原动力。

5. 课程思政教学目标

本案例通过介绍建筑质量通病及一些"豆腐渣工程"案例，教育学生遵守职业道德规范，培养严谨细致的工作作风，建立正确的人生观和价值观，确立正确的行为准则，树立以人为本的科学发展观，激发学生的社会责任感和职业敬畏感。

6. 案例描述

教师在讲解钢筋混凝土构件时，可引导学生思考目前建筑行业中存在的工程质量问题。同时，引导学生思考建筑质量通病的技术原因及人为原因。

在介绍案例时，应重点强调"豆腐渣工程"造成的危害，引导学生形成"以人为本"的价值观。

案例十

激发爱国精神：浅谈青藏铁路路基冻土层处理技术

赵 珺

1. 案例主题

地基是构筑物的根基，地基的类型选择和处理方法，会直接影响构筑物的安全性。我国解决了在冻土层上修建铁路的世界性技术难题，青藏铁路成为海拔最高和穿越永久性冻土距离最长的高原铁路。本案例通过介绍青藏铁路路基冻土层处理技术，让学生向改革创新的时代精神学习，激发学生的民族自豪感和爱国精神。

2. 案例资料

青藏铁路是目前全球穿越永久性冻土距离最长的高原铁路。冻土是指温度在0℃以下，并含有冰的各种岩土和土壤。冻土对温度极为敏感，其中含有丰富的地下冰。在冻土区修筑工程构筑物面临两大危险：冻胀和融沉。冻胀是指，在冻结过程中，土中的水分转化为冰，使土的体积产生膨胀，土体表面升高。融沉是指，土中的冰转化为水，使土体发生融化下沉。这一特殊的自然环境，给青藏铁路的设计、施工带来了极高的难度。在冻土区进行青藏铁路的路基建设时，如果没有科学的措施作为保障，路基下的多年冻土层会部分消融，进而导致地面下陷，将严重影响铁路路基的稳固性和可靠性。

工程师们破除旧的思维模式，大胆创新，经过40多年的探索和实践，找到了解决青藏铁路建设中冻土难题的新思路，即改"保"温为"降"温，主动冷却路基。其中主要的冻土区路基处理方法有以下几种。

（1）通风管路基。在寒冷的季节，冷空气有较大的密度，在自重和风的作用下将管中的热空气挤出，并不断将土体中的热量带走，达到保护路基土冻结状态的目的。

（2）块石护坡与块石路基。块石的空隙较大，空气在其中可以自由或受迫流动。冬季和夏季，冷热空气由于空气密度等差异会不断发生冷量交换和热量屏蔽，其结果有利于保护多年冻土。

（3）"热棒"技术。"热棒"是一种中空密闭的钢管，里面注有沸点较低的液氨。"热棒"具有单方向性，即只能从下向上传热，从上往下导冷。在冬季，地下温度高于气温，地下的"热量"会被导出地面，而外界的"冷量"则被传递到地下，使土体形成巨大的冰块。在夏季，地下温度低于气温，"热棒"又能将高原地区夜间骤冷的寒气带到地下，使土体形成终年不化的"永冻层"。

除此之外，遮阳棚（板）、热半导体保温材料、人工冻结技术也在冻土路基处理中进行了应用。通过使用以上几种技术，青藏高原冻土的状态得到长久保持，从而提高了冻土的强度，有效地保证了铁路在运行时的安全性和稳定性。

资料来源:

郭紫阳,龚泽玺,2020.在那云端之上[N].解放军报,07-09(12).

马巍,程国栋,吴青柏,2005.解决青藏铁路建设中冻土工程问题的思路与思考[J].科技导报,23(1):23-28.

3. 结合章节

本案例适用于《土建图学教程》(第二版,雷光明、文佩芳、施林祥等主编,高等教育出版社,2009年)第3章第3.2节"基础施工图"的教学。

4. 思政元素

青藏铁路的设计者和建设者在面对冻土层这一巨大挑战时,并不畏惧,经过40多年的探索和实践,采用创新的思维方式,将冻土层进行"永冻",解决了世界性的工程难题。这种"挑战极限,勇创一流"的青藏铁路精神,可以提升学生的民族自信心,激发学生的爱国精神,让学生们向这些最可爱的人们致敬和学习。

5. 课程思政教学目标

通过学习本案例,学生可以了解在青藏铁路的建设过程中,冻土这一世界性难题是如何得到处理的,从而让学生学习青藏铁路的工程师们革故鼎新的精神,激发学生的学习内动力,让学生在专业道路上树立更为高远的志向。引导学生打好基础,为未来在本专业领域攻坚克难,达到世界领先水平做好准备。

6. 案例描述

首先,在讲授基础施工图时,教师应告诫学生,如果地基处理不好,会直接影响到构筑物的安全性。其次,引出地基冻胀和融沉的工程问题,以及我国在修建青藏铁路时,工程师们是如何处理这一世界性难题的。最后,让学生了解冻土地基的处理技术,引导学生勇于创新,志存高远。

注意事项:尽量采用设置问题的方式,一步一步让学生了解冻土处理技术的创新性,鼓励学生向青藏铁路的工程师们学习,继承他们不怕难题、勇攀高峰的创新精神。

案例十一

人与自然和谐共生：装配式建筑带来的思考

赵 珺

1. 案例主题

装配式建筑属于绿色建筑，其施工方法就像搭积木和造汽车一样，不仅能缩短近一半的建设周期，而且绿色低碳，可以节约能源和劳动力。本案例通过介绍装配式建筑的特点，让学生在以后的学习和工作中形成绿色环保的理念，实现人与自然和谐共生。

2. 案例资料

经济全球化趋势下，碳排放量逐年攀升，已严重威胁到人们的健康和生活。我国在 2020 年年底召开的中央经济工作会议中强调，"碳达峰"和"碳中和"是重点任务，要求各部委积极推进碳减排。

建筑业是碳排放的重要行业，要将绿色建筑理念贯穿整个建筑行业。绿色建筑是指在建筑的全寿命周期内，最大限度地节约资源、保护环境和减少污染，向人们提供健康、适用、高效，并与自然和谐共生的建筑。目前，我国建筑施工方式大部分是现浇式。现浇式建筑具有刚度大、结构性能良好等优点，但不能解决节能与环保问题。装配式建筑作为一种新型的绿色建筑形态，既能实现节能与环保的目标，又能降低成本，提高施工效率。目前，世界各国都在大力开发并形成以通用部件为基础的大型混凝土预制装配式建筑体系。

装配式建筑中的构件是先在预制工厂完成制作，再运输到指定地点进行安装组合，成为一个建筑整体。与传统建筑方式相比，装配式建筑具有很多优势。第一，在预制工厂按统一要求制作建筑构件，比在施工工地完成构件更能够把控质量。第二，减少了施工现场人力和物力资源的投入，不受天气变化的影响，可以大幅提高效率、降低成本。第三，减少了施工现场产生的粉尘、噪声、建筑垃圾、建筑污水，有利于实现绿色施工，在节能环保方面具有积极意义。第四，机械化程度大幅提升，构件的重复利用率显著提高，有利于节约建筑资源。可以说，装配式建筑的发展，有效解决了传统建筑的资源浪费和环境污染等缺点，是建筑行业发展的方向。

目前装配式建筑的技术体系还存在很多难点，例如构件之间的连接是否牢固可靠，结构是否具有较好的抗震性能，等等。这些问题都会直接影响建筑结构的安全性。因此，应鼓励学生立志去研究并解决这些技术难题，为建筑工程领域绿色低碳的发展贡献自己的力量。

资料来源：

陈灵，2018. 装配式建筑在房地产领域的应用与前景 [J]. 四川建筑，38（2）：255-256.

杨钰伟，2022. 浅谈装配式建筑的施工技术 [J]. 居舍（8）：84-86.

于凌春，张冬宁，张乃芹，等，2020. 装配式建筑施工技术重点及难点 [J]. 绿色科技（12）：210-212.

周成绩，侯其鹏，2022. 装配式建筑在房地产行业的推广与应用 [J]. 中国建筑金属结构（2）：144-146.

3. 结合章节

本案例适用于《土建图学教程》（第二版，雷光明、文佩芳、施林祥等主编，高等教育出版社，2009年）第3章第3.4节"结构平面布置图"的教学。

4. 思政元素

作为土木工程专业的学生，应对建筑行业的发展趋势——绿色建筑给予更多的关注并进行深入理解。在以后的工作中，应更好地贯彻绿色建筑的理念，引导建筑行业朝着绿色低碳的方向健康发展，实现人与自然的和谐共生。

5. 课程思政教学目标

随着建筑产业化进程的发展，装配式建筑的优势逐渐凸显，成为绿色环保建筑所青睐的施工方法。通过本案例的学习，引导学生形成绿色环保的理念，以及人与自然和谐发展的意识。高科技的发展，不能以破坏环境为代价，应坚持可持续发展，创造更美好、更绿色的人居环境。

6. 案例描述

第一，教师讲授结构平面布置图的形成过程，让学生观看三维动画。第二，借助预制空心板搭建的施工方法，引入装配式建筑的施工理念，向学生介绍装配式建筑的特点及其发展历程，从而让学生了解装配式建筑与传统建筑施工方法的不同。

案例十二

创新与超越的大桥梦：桥梁发展史的启示

赵 珺

1. 案例主题

桥梁是跨越江河湖海、深沟峡谷等障碍物的人工构筑物，同时也是交通设施互联互通的关键节点和枢纽工程。本案例通过介绍我国的桥梁发展史，让学生了解我国桥梁建设的创新与超越发展，引导学生学习我国工匠们勇于奉献、敢于担当、不断创新的精神。

2. 案例资料

中国是桥梁的故乡，桥梁与建筑一样，以它美丽的姿态展示着我们国家的文化和技术。我国既保留着像赵州桥一样历史悠久的古代桥梁，也在不断地建造着现代化的桥梁。

古代的桥梁按照材料主要分为木桥和石桥，常见的形式有木浮桥、木栈桥、石拱桥、石梁桥、绳索木质吊桥等。我国在继承先人智慧的基础上，融入现代科学技术，形成了梁桥、拱桥、斜拉桥、悬索桥和组合结构桥梁的现代桥梁结构体系。21世纪以来，随着我国桥梁在设计和施工上的创新性发展，沪苏通长江公铁大桥、武汉天兴洲长江大桥等一大批结构新颖、技术复杂、设计施工难度大、科技含量高的特大型桥梁纷纷建成，向世界彰显了中国桥梁独有的神奇魅力。

钱塘江大桥是由我国桥梁专家茅以升主持设计的，同时也是第一座由中国自行设计并建造的双层铁路、公路两用桥。1937年，为了阻隔日军的侵略，钱塘江大桥被炸毁，后成功修复。到目前为止，钱塘江大桥依然气势如虹，屹立不倒，肩负着两岸的交通重任。

我国的桥梁建设几乎每年都在刷新世界桥梁建设的纪录，逐步从"中国制造"走向"中国创造"。跨径是衡量一个国家桥梁技术水平的重要指标，我国桥梁建设在跨径上不断突破，例如重庆朝天门长江大桥等，是同类桥梁中跨径超群的大桥。除了新技术，现代桥梁也在美学与环保方面不断做出新的突破。桥梁不仅是一座美丽的标志性建筑，同时也会与周围的生态环境融为一体。越来越多不同设计风格的城市景观桥梁涌现出来，成为代表国家与城市的一张名片。

中国的桥梁人、土木工程的建设者们不忘初心、牢记使命，一代代传承大国工匠精神，开拓创新、不懈奋斗，终于有了中国桥梁今天的辉煌成就。

资料来源：

刘浩印，2019. 浅谈中国桥梁的成就与发展 [J]. 中外企业家 (18)：94.

张毓书，2018. 盘点：桥梁界，我国那些世界之最 [J]. 人民交通 (17)：24-27.

ZHOU X, ZHANG X, 2019. Thoughts on the development of bridge technology in China [J]. Engineering, 5 (6): 1120-1130.

3. 结合章节

本案例适用于《土建图学教程》（第二版，雷光明、文佩芳、施林祥等主编，高等教育出版社，2009 年）第 5 章第 5.2 节"桥梁工程图"的教学。

4. 思政元素

要实现中国梦，就要不断创新。各种类型大桥的建设体现了我国的综合国力和自主创新能力。创新源于民族智慧和自信，是实现人生价值的重要途径，也是中国工匠精神的重要体现。

5. 课程思政教学目标

本案例通过让学生了解桥梁发展史，旨在培养学生的民族自豪感与家国情怀，培养学生的创新意识和创新素质，让学生充分认识到创新对国家的重大意义，同时引导学生学习大国工匠们勇于奉献、敢于担当、不断创新的精神。

6. 案例描述

首先，介绍桥梁工程中常用的桥型，如梁桥、拱桥、斜拉桥、悬索桥等，并展示屹立于江河湖海、深沟峡谷中雄伟的桥梁工程图片。其次，引出桥梁工程的发展历史，让学生了解从古到今桥梁在历史、文化、政治、经济和军事中的重要地位和战略意义。

注意事项：教师在讲完案例后，鼓励学生在课后查阅相关资料，查找更多不同桥梁结构的图片和相关故事，从而让学生对桥梁的结构形式及其在交通运输系统中的作用和地位有更深的了解。

案例十三

不忘初心、用一生奋斗谱写奉献长歌：大师的"标准"

何　林

1. 案例主题

闻邦椿院士撰写的《机械设计手册》为我国上万家制造类企业制定了上千条行业标准，引入了工业机器人生产标准等内容，获得"机械工业科学技术奖"一等奖。本案例通过介绍闻邦椿院士，让学生感受老一辈科学家兢兢业业、投身学术、丹心育人、不忘初心、为祖国事业奋斗终身的优良品质。

2. 案例资料

《机械设计手册》被誉为"工程师的手边书"。1957年，闻邦椿以研究生毕业考试五门全优的优异成绩留校任教。与共和国同行，与祖国的机械事业同步，闻邦椿院士用一生践行着"机械工业报国"的使命。在六十多年的岁月中，闻邦椿创建了"振动利用工程"新学科，开设"工程非线性振动"等近20门课程。同时，闻邦椿通过在振动机械、工程机械领域内进行创新、实践，先后研制了10余种新型机械装备，使振动这一现象变害为利、造福社会，创造了巨大的社会效益和经济效益。

经过几十年的工作，闻邦椿又对科研和教学进行了总结，并与时俱进地推动机械学科与人工智能深度结合。2004年，他受聘为东北大学"重大机械装备设计与制造关键共性理论与技术"创新平台的首席教授。以平台为依托，他带领团队经过系统研究，提出了三段设计模型，即7D总体规划模型、1+3+X综合设计新模型和产品设计质量检验与评估模型，建立了一套完整的现代产品设计方法体系。2010年，闻邦椿在主编六卷本《机械设计手册》时，将上述设计方法体系融入手册内容中，该手册后来成为行业经典。

虽已是著作等身的著名教授、院士、学科带头人，但是在众多的社会角色中，闻邦椿最看重的身份仍然是老师。在他看来，每一个学生都是一块璞玉，都要因材施教、精心雕琢。"勤奋、刻苦、创新、开拓"是闻邦椿行事品格的完美注脚，更是他留给学生最宝贵的精神财富。

在闻邦椿看来，培养学生要以自己的实际行动去影响他们。"我其实就是这样，我不弄虚作假，我勤奋刻苦，我在工作中坚持不懈地努力，他们看到老师这样，自己也就会愿意这样做。"闻邦椿说。

资料来源：

根据网络资料整理。

3. 结合章节

本案例适用于《机械制图》（第4版，臧宏琦等主编，西北工业大学出版社，2012年）

第 2 章第 2.1 节"螺纹"的教学。

4. 思政元素

闻邦椿把一生最精华的岁月都献给了振动学科。他用创新和实践的精神，在振动机械与工程机械领域跋涉六十多年，成就了硕果满枝的学术人生。他有顽强的毅力和求真务实的科学追求，把科研教育工作作为一生的事业，即使在耄耋之年，也依旧为国家的科研和教育事业默默奉献。当代大学生，也应树立科学报国的志向，培养求真务实、踏实奉献的价值观。

5. 课程思政教学目标

本案例通过对闻邦椿院士奋斗的一生进行介绍，帮助学生树立远大志向，引导学生继承老一辈科学家艰苦奋斗、科学报国的优良传统，激励学生不忘初心、牢记使命，通过努力学习不断提升自己的理想信念、价值理念、道德情操和精神追求。

6. 案例描述

在讲解案例时，教师可以首先从标准件谈起，由此引入机械设计的重要参考标准《机械设计手册》。其次，介绍《机械设计手册》的主编闻邦椿院士。最后，在案例讲解结束时可以让学生简要谈一下自己的感受，并进行总结，通过老一辈科学家这种勤勤恳恳、一生奉献的家国情怀引导学生树立正确的人生观和价值观。

注意事项：教师在介绍案例时，除了强调勤奋刻苦，还应告诉学生要慢慢学会运用科学方法论来指导学习、工作和生活，提高获得成功的概率，进而为国家创造出更多的财富。

案例十四

学以致用，提升自身综合能力：
认真对待每一张零件图

孙 昱

1. 案例主题

全国大学生机械创新设计大赛是可以有效培养学生工程实践能力和综合素质的大学生竞赛项目，本案例通过介绍往届的学生作品，力求让学生学会在思考中画图，能够在今后的专业学习和实践中灵活运用所学制图知识。

2. 案例资料

全国大学生机械创新设计大赛是经教育部高等教育司批准，面向大学生的群众性科技活动。大赛以工、农、商、学等各行各业所存在的实际问题作为主题，引导高等学校在教学过程中注重培养大学生的创新设计意识、综合设计能力与团队协作精神，并加强学生动手能力的培养和工程实践的训练。

大赛可以全方位考察参赛学生的专业能力和基本专业素养，要求学生深入掌握专业制图基本知识。在此过程中，工程图是工程师交流的最基本语言，也是从"想法"到"实物"的关键环节。如何用心画出一张工程图，即在制图过程中深入对零件的结构、组成、标注、公差、配合、工艺等一系列图中要素进行考量，如何习惯用工程师的思维去画图，这些是至关重要的。

零件图的学习过程涉及大量的规范及经验，学生往往感到知识庞杂，同时也会感到无力应用。教师以实际案例作为讲解对象，能够让学生实实在在地看到规范及知识点在实际案例中的应用，引导学生在潜移默化中理解和掌握零件图中的知识点。

大学生的思维是活跃的，应引导学生利用所学的理论创造实物，加深学生对所学课程的理解，并提升学生工程实践的能力。大赛的培训过程要求学生能够坐得住，想得深，行动力强，这种实践能力和团队协作能力的培养在学校的学习过程中是欠缺的，而大赛则提供了很好的契机。

资料来源：

根据网络资料整理。

3. 结合章节

本案例适用于《机械制图》（第4版，臧宏琦等主编，西北工业大学出版社，2012年）第3章"零件图"的教学。

4. 思政元素

学以致用，是提升学生综合能力的有效方法，是培养学生系统思维的有效途径。在实践中求真知，教研结合，能够激发学生的学习热情及教师的思想活力。踏实肯干，是工程实践中的一项重要职业品德，力求创新、开放、包容也是团队合作中必须奠定的价值理念。

5. 课程思政教学目标

教师通过对全国大学生机械创新设计大赛案例的讲解，引导学生深入理解每一张零件图的内容及作用，理解零件的设计结构及视图表达方法，拓展学生的知识结构，从实际中探索图纸内涵。同时，大赛有利于学生加深对专业的认知，进一步感受知识带来的成果，养成严谨认真、积极主动的做事态度，学习团队协作精神。

6. 案例描述

教师在讲解过程中，可以展示往届学生参加大赛的一些视频短片和图片，讲述往届学生作品的优点和不足，逐步引入零件图所含知识点，使学生在学习过程中明确零件图的阅读与绘制方法，以及零件技术要求在实际工程中的应用。

注意事项： 在介绍案例时，要强调主观能动性，不能只有一腔热情，要用踏实肯干的精神认真对待每一张工程图。

案例十五

工利其器,昏镜重明:量块的研磨

孙 昱

1. **案例主题**

粗糙度是机械加工的一个重要指标,也是行业的重要规范。测量粗糙度需要用到不同种类型号的标准测试量具,中国航天科工二院的研磨师叶辉就是这样一位几十年如一日训练的"制造标准的人"。本案例旨在让学生认识到,每一份工作都是值得尊敬的,努力都会得到最终的回报,工匠精神就是日复一日地做好每一件事情。

2. **案例资料**

航天系统对精度要求极高,量块作为一种高精度量具,其误差大小直接影响到航天科研任务的成败。目前,机器研磨量块的精度是 0.5 微米,中国航天科工二院的研磨师叶辉手工操作研磨量块的精度却能达到 0.05 微米。为了练就这手绝活,叶辉用了 20 多年的时间。叶辉毕业后,来到航天科工二院当起了学徒,拜师学艺第一天,师父交给他的工作是打磨好一块废铁。叶辉一开始对工作充满热情,但随着日复一日的单一性工作,他渐渐地感觉到枯燥,发起了牢骚:"每天都是磨废铁块,简单又枯燥。其他工种,一年就能上手,在这里研磨,啥时候能出师?""工匠人沉下心,才能练出绝活。急于求成,什么也干不成。"师父的话让叶辉下定决心刻苦锻炼本领。5 年后,叶辉终于等来了师父的认可。

"梅花香自苦寒来",过硬的技术让叶辉参与研制的一些武器装备中的关键零部件出现在 2015 年的"9·3"阅兵中的导弹方阵里。"工必精,行必果",国内缺乏生产零件检测仪器的技术,某项任务的核心零件过于精密,国内不少厂家曾尝试自行研制攻关都没能成功,最终叶辉受领了这项任务。零件形状很复杂,加工精度要求非常高。拿到零件后,叶辉陷入了沉思。查图纸、测零件、设计打磨方案……几经试验打磨,零件终于研制成功,经检测鉴定,产品精度远高于国外仪器。

"研磨量块就是打磨人生。零件有瑕疵,犹如人生有缺陷,只有经过一遍遍打磨,才能打造精品、创造精彩。"叶辉说。

资料来源:

根据网络资料整理。

3. **结合章节**

本案例适用于《机械制图》(第 4 版,臧宏琦等主编,西北工业大学出版社,2012 年)第 5 章第 5.2 节"表面结构的表示法"的教学。

4. **思政元素**

通过对叶辉事迹的介绍,告诉学生每一份工作都是值得尊敬的,努力都会得到最终的回报,工匠精神就是日复一日地做好每一件事情。当代大学应该学习叶辉技术报国、心怀家国的情怀,通过不懈的努力学习,力争成为国家栋梁之材。

5. 课程思政教学目标

本案例通过对叶辉事迹的介绍,让学生理解粗糙度对于机械零件的重要作用,培养学生的工匠精神,激励学生不忘初心、牢记使命,肩负时代重任,鼓励学生在校期间认真学习,磨炼一技之长,努力成为新时代强国兴邦的大工匠。

6. 案例描述

教师在讲解案例时,可提前准备叶辉打磨量块的视频,在课堂上更为形象地介绍粗糙度的作用及意义。首先,介绍零件表面粗糙度的基本概念,引入轮廓度、波纹度及粗糙度的概念;其次,在介绍表面轮廓的界定范围及粗糙度的单位时,引入叶辉的事迹,并介绍量块的制作过程及应用方法;最后,告诉学生,要耐得住寂寞,在学习过程中要学会深挖问题、勤于思考,实践出真知,沉下心做事必有收获。

案例十六

于细微处见成效：质量与公差

王 蕊

1. 案例主题

质量是产品生命之根本，公差直接关乎零件质量。通过分析公差与质量的关系，提高学生对公差的认知水平和重视程度，引导学生在工程实践中重视细节工作，于细微处见成效。

2. 案例资料

质量是指一组固有特性满足要求的程度。质量特性，即产品满足要求的固有特性。加工质量特性，即加工过程中体现的直接反映产品设计参数的质量特性，包括尺寸公差、形位公差、表面质量等加工过程中常见的参数。相关联的上下工序之间可能会因为定位基准的转换而使得质量特性波动从上道工序传递到下道工序。波动造成的误差随着工序的展开而累积，造成零件加工误差，影响零件质量，还可能产生一系列的连带效应，影响装配质量、产品质量。

20 世纪 80 年代，日本彩电企业开始在美国设立工厂，设备等均与日本国内一样，但产品质量明显不如在日本的工厂，通过长期调查发现，日本工厂对零部件公差的控制比美国工厂严格许多，所以其彩电质量优于美国工厂。

从上述质量与公差的理论分析和生产实例可知，公差是产品质量控制的根本。公差通常为微米级别，却关乎质量命脉。从设计、制图到生产制造，这些过程都应得到足够重视，于细微处把握产品质量。

资料来源：

金阁，1994. 日本彩电生产重点已转向海外 [J]. 电子产品世界 (12)：15.

孙振涛，2016. 制造过程多质量特性耦合与预测控制技术研究 [D]. 成都：电子科技大学.

3. 结合章节

本案例适用于《机械制图》（第 4 版，臧宏琦等主编，西北工业大学出版社，2012 年），第 5 章第 5.1 节"极限与配合"的教学。

4. 思政元素

公差设置应严谨，应重视基准选择，适当进行表面质量设计。天下大事，必作于细。工程人员应具备严谨、科学的工作态度，于细微处见成效。

5. 课程思政教学目标

公差关乎加工质量，进而影响产品质量、装配质量、设备质量，产生一系列连带效应。通过本案例的讲解，培养学生严谨的学习态度、科学的工作态度和注重生产实践的精神。

6. 案例描述

在讲解过程中，教师可以结合一些视频短片和图片来向学生展示"质量是产品生命之根本"的思想，进而从日本彩电质量案例引入公差与质量的关系。接着，教师可以通过质量与公差基本理论的讲解，引导学生养成细致、严谨的工作习惯，重视对公差的学习。

注意提示学生要理论联系实践。一味追求较高的技术要求，并不能得到最优的投入产出比，不符合经济节约的标准。应结合工程实际，分清主次。

案例十七

无私奉献、奋发图强：几代人的大飞机梦终实现

何 林

1. 案例主题

大飞机的装配水平是机械行业的顶尖装配水平，本案例通过介绍 C919 大型客机首飞背后装配车间职工的事例，教导学生在画装配图时也应该有像 C919 事业部总装车间职工一样的工匠精神，力求每一张图都做到极致，培养学生踏实认真的作风、无私奉献的品格和奋发图强的精神。

2. 案例资料

2017 年 C919 大型客机成功首飞。这是一个值得铭记的历史性时刻，它标志着中华民族百年的"大飞机梦"终于取得了历史突破，蓝天上终于有了一款属于中国的完全按照世界先进标准研制的大型客机。它意味着经过近半个世纪的艰难探索，在中国共产党的正确领导下，我国终于具备了研制一款现代干线飞机的核心能力。这是我国航空工业的重大历史性突破，也是我国深入实施创新驱动发展战略，全面推进供给侧结构性改革取得的重大成果。

大型客机制造是一项高度集成的系统工程，被称为"现代工业的王冠"。一架 C919 大型客机，有 724 根线缆、2328 根导管，零部件总数达 250 万个，把这么多零部件按照复杂的结构装配在一起，不是一朝一夕的事，也不是几个人就能完成的事。国产大飞机能够"一飞冲天"，离不开 C919 事业部总装车间这一集体的辛勤付出，车间职工为了共同的目标和信念，为了早日让我国大飞机冲上云霄，日夜拼搏，埋头苦干，顶举起了国产大飞机翱翔蓝天的梦想和荣耀。

在飞机装配领域，虽然自动化、智能化的使用范围日益扩大，但很多环节仍离不开人工装配。在 C919 大型客机上，线缆连接器的插孔非常细小且密集，要把每一根线缆穿到指定的孔里面去，需要非常耐心仔细；另外，导管的压接也是一个高要求的细活，但在 C919 大型客机上压接完成的两千多条液压管路从未发生过泄漏情况。C919 事业部总装车间虽然年轻人很多，但是他们干起活来成熟稳重，毫不含糊，责任心极强。

2017 年，飞机总装制造进入"冲刺期"。为保质保量完成任务，车间全体职工加班加点，以"车轮战"的工作模式，逐项攻克了大客机结构装配、全机通电通压、功能实验、发动机安装、点火等几十项重点任务。首飞"百日攻关"期间，50 多岁的车间副主任孟见新一连几个月泡在 6 万多平方米的车间，脚底磨出了水泡，就在鞋底剪个洞缓解疼痛；他还会经常花 30 个小时做准备工作，完成一个不足 10 分钟就能结束的紧固件作业。他有自己的一套哲学："要么不干，要干就要干到极致！造飞机，不能没匠心！"工匠精神在他的身上体现得淋漓尽致。

资料来源：

钱培坚，2018. C919 总装车间：圆梦国产大飞机 [N]. 工人日报，10-18（1）.

3. 结合章节

本案例适用于《机械制图》（第 4 版，臧宏琦等主编，西北工业大学出版社，2012 年）第 7 章第 7.1 节"装配图的作用和内容"的教学。

4. 思政元素

国家的每一项伟大突破，都离不开千千万万志同道合的人的团结努力，作为大学生，应有远大的理想抱负，为实现中华民族伟大复兴而读书。艰苦朴素、勤劳务实一直是中华民族的传统美德，新时代的大学生不仅要继承这种美德，还应通过努力学习成为勇于担当、乐于奉献的社会主义建设者和接班人。

5. 课程思政教学目标

本案例通过介绍 C919 大型客机首飞背后事业部总装车间职工的事例，让学生感受职工的工匠精神，培养学生的爱国情怀与民族自豪感，培养学生努力奋斗、为国奉献的精神，培养学生严谨认真、积极主动的做事态度。

6. 案例描述

教师在讲解本案例时，可以结合一些视频短片和图片来给学生进行讲解，比如央视新闻对 C919 大型客机首飞的报道等，这样更有感染力，更容易让学生产生民族自豪感和认同感。

在案例讲解结束时，教师可以先让学生简要谈一下自己的感受，再回顾一下往届同学在画大图中所存在的一些典型问题，引导学生做事要踏实认真，从基础做起。

注意事项：在介绍案例时，不用过多介绍飞机装配相关的知识，而应该重点突出 C919 事业部总装车间的职工在面对这样一项浩大的装配任务时所展现出来的吃苦耐劳、严谨认真、无私奉献的精神。